音声DL版

ゼロからしっかり学べる!

中国語［文法］トレーニング

きほんの「単語」と「文法」が同時に身につく!

高橋書店

はじめに

「日本語がヴァイオリンの音色のように聞こえるならば、中国語はピアノの音色のようだ」としばしばたとえられます。中国語の音節のひとつひとつは、それぞれ意味をもった漢字の発音で、それはまるでけん盤をひとつひとつたたいて出てくるピアノの旋律のように聞こえるからです。そのひとつひとつの音節には、声調というメロディーのような節回しもついていて、中国語を聞いていると、あたかも音楽を聞いているようです。

中国語は「発音が難しいが、文法は簡単だ」とよくいわれます。それは、活用や格変化など、多くの言語を学ぶ際の大きな壁がないからでしょう。しかし、こうした複雑な文法体系がない代わりに、漢字の並び方にはある一定のルールがあります。そのルールをきちんと踏まえて発音しないと、せっかくの音楽も不協和音となってしまうことでしょう。

語学を身につけるには丸暗記することが重要なのはもちろんですが、その言語のしくみを理解して、それを自分で応用して表現していく練習も大切です。本書では、中国語の文法、特に漢字の語順の基本を何度も練習しながら、中国語をマスターしていくことをめざしています。

中国語のしくみがわかるようになると、中国的な発想やものの考え方というものも、実感を伴って理解できるようになると思います。何度も何度も練習を重ねていくと会話はもちろん、中国の新聞なども徐々に読めるようになってきます。そして、しくみが一度わかってしまえば、必ずやそれを応用して表現の幅も格段に広がっていくことでしょう。

本書が、読者のみなさまの中国語学習に役立ち、これから始まる中国文化理解への旅の伴侶となれば幸いです。

宮岸雄介

本書の使い方

本書は、中国語入門者のための文法書です。文法の基礎知識を各 4 ページ構成の 30 レッスンで、コンパクトにわかりやすく、まとめています。

【音声について】

本書の音声には、次の部分が収録されています。

・「PART 1 基礎トレーニング」→「発音」「基本フレーズ」

・「PART 2 ～ PART 4 文法トレーニング」→「基本単語」「おもな例文」

※音声ダウンロードの方法は、カバー折返し部分をご参照ください。

PART1　基礎トレーニング

「中国語の文字」「発音」「基本的な文型」「簡単なあいさつ表現」などをまとめています。

PART2 ～ PART4　文法トレーニング

■まずは「基本単語」をチェック！

文法解説の前に、各レッスンの例文に関連するおもな単語をまとめました。中国語の漢字・簡体字を理解しやすいように、その簡体字に該当する日本語の漢字も掲載しています。まずは、単語を覚えてください。

■文法の「ルール」をわかりやすく解説！

重要な文法事項を「ルール」として簡潔に解説しています。ひとつひとつ確実に覚えていってください。

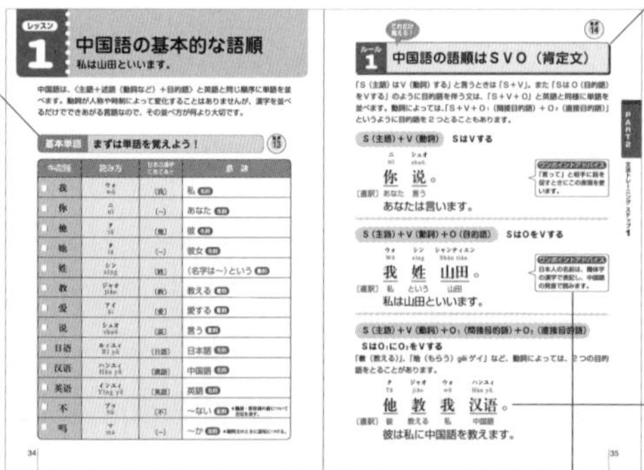

■「ワンポイントアドバイス」で知識を増やせる！

覚えておきたいミニ知識をまとめています。

■直訳つきで文法構造がよくわかる！

中国語の語順、構造を理解しやすくするため、例文にはアンダーラインをつけてそれぞれの語彙の直訳をつけました。

■「まとめて覚えよう」で単語を増やす！

本文に関連して、まとめて覚えておきたい単語を表にまとめています。

■「ミニトレーニング」でしっかり復習！

各レッスンの最後に練習問題を掲載しています。各レッスンで習ったことの復習・確認に使ってください。

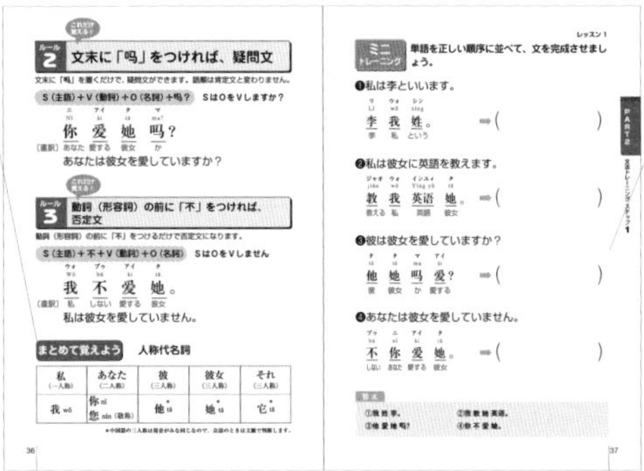

2 文末に「吗」をつければ、疑問文

你 爱 她 吗？

あなたは彼女を愛していますか？

3 動詞（形容詞）の前に「不」をつければ、否定文

我 不 爱 她。

私は彼女を愛していません。

まとめて覚えよう　人称代名詞

私（一人称）	あなた（二人称）	彼（三人称）	彼女（三人称）	それ（三人称）
我 wǒ	你 nǐ / 您 nín（敬称）	他 tā	她 tā	它 tā

ミニトレーニング　単語を正しい順序に並べて、文を完成させましょう。

❶私は李といいます。　李 我 姓。

❷私は彼女に英語を教えます。　教 我 英语 她。

❸彼は彼女を愛していますか？　他 她 吗 爱？

❹あなたは彼女を愛していません。　不 你 爱 她。

■「会話を聞いて復習！」でおさらい！

5レッスンごとに1回、学習した文法事項を含む会話文を聞いて復習できる練習問題を掲載しています。

■「新出単語」もチェック！

初めて出てくる単語をまとめています。

会話を聞いて復習！①

初次见面。【 A 】？

我（ ① ）山田，叫 山田 聪。

我 叫 张 建华。（ ② ）多多关照。

欸，小张，你 是 学生（ ③ ）？

（ ④ ）。【 B 】。你呢？

我 是 医生。她 是（ ⑤ ）？

她 是 我 妹妹。【 C 】。

是 吗？她 很【 D 】。

你 喝 茶水 还是 喝 啤酒？

我【 E 】。

新出単語

ゼロからしっかり学べる！
中国語［文法］トレーニング

目 次

PART3 文法トレーニング ステップ2

PART 1

基礎トレーニング

まず、中国語の文法を学ぶ前に知っておきたい基本的なことを学びます。ここでは、中国語の文字・簡体字、発音記号や声調、基本的な文型と、覚えておくと便利なあいさつ表現などを掲載しています。発音やあいさつ表現は音声がありますので、繰り返し聞いて、中国語の発音に慣れてください。

1 中国語とは（普通話（プゥトォンホァ）と方言）

中国語にはいくつもの言語がある

「中国は今、暑いですか？」と中国人に尋ねると、相手は返答に窮してしまうことがしばしばあるといいます。これには「現在、暑いところもあれば、涼しいところもあります」と答えるのが正確であり、明快な答えができないからなのでしょう。

このように、日本の26倍の面積を有し、南北の距離が5,000kmもある中国は、ひと言で「中国とはうんぬん」と説明できるような国ではないのです。

中国は、現在**約14億人**の人口を有し、**56民族が同居する多民族国家**です。民族が違えば、当然宗教や文化、習慣も違い、言語も異なります。ヨーロッパに、イタリア、ドイツ、イギリス、フランスと別々の国が存在し、それぞれの文化と言語をもっているのと同じような現象が、この中国という大きな国の中には存在するのです。そのため、異民族間の言語は、イタリア語と英語くらいの隔たりがあります。

私たちがこれから学習する「中国語」は、この56民族の中でも全人口の9割以上を占める漢民族の言語、**漢語**です。

中国語の標準語は普通話(プゥトォンホァ)

日本語にも、津軽弁、大阪弁というように多様な方言がありますが、漢語にも方言があります。下の地図でわかるように、漢語は**北方方言**（北京語など）と**南方方言**（上海語、広東語など）とに大別できます。それぞれの地方の言葉で話すと、お互いにコミュニケーションをとることができません。そこで中国では、日本の標準語にあたる「**普通话**（pǔ tōng huà プゥトォンホァ）」というものが設定されており、メディアや学校教育ではこの言葉を使うように決められています。

普通話は、「北京語の音韻体系の発音」「北方方言の語彙」「近現代の言文一致の語法」を基準につくられています。日本の標準語が東京弁（いわゆる江戸弁）と同じではないように、普通話も北京語と同じではありません。

●漢語の方言の分布

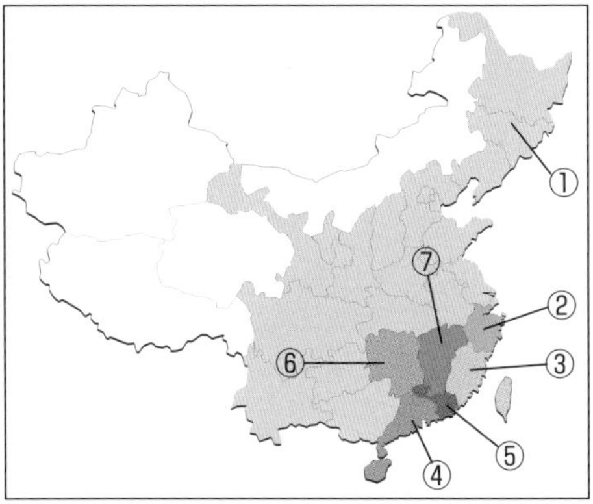

①北方(ほっぽう)方言（北京語など）
②呉(ご)方言（上海語など）
③閩(びん)方言（アモイ語など）
④粤(えつ)方言（広東語など）
⑤客家(はっか)方言（客家語など）
⑥湘(しょう)方言（湘南語など）
⑦贛(かん)方言（南昌語など）

（②〜⑦：南方方言）

2 普通話（プゥトォンホァ）の書き方

中国語では簡体字が使われる

普通話はどのような文字で書かれているのでしょうか。中国語をよく見ると、日本で使われている漢字と違うものが含まれています。例えば、中国語のことを「**汉语**（漢語）」といいますが、「**语**」のごんべんが「**讠**」、「漢」のつくりが「**又**」になっています。この略字は「**简体字**（簡体字）」といいます。

中国では、識字率を高める目的から中華人民共和国建国以来、略字すなわち簡体字の考案がより強化され始めました。現在の簡体字は1986年版の略字総表に準拠した、国が定めた正式な略字が使われています。

台湾や香港では、日本でいう旧字体の漢字（學、藝、豐など）が使われています。これを**繁体字**といいます。

日本で使われている漢字は、繁体字よりはやや略されていますが、簡体字ほどは省略されていません。つまり今、世界では大きく分けて3通りの漢字表記法が行われているのです。本書では、大陸で使われている**普通話**を、**簡体字**を使って学んでいきます。

簡体字のつくられ方には、次に挙げるようないくつかのルールがあります。

❶ 古くから民間で使われていた字形によるもの

個 ➡ **个**　雲 ➡ **云**　從（従）➡ **从**

❷ 筆画の一部分だけを用いるもの

習 ➡ **习**　開 ➡ **开**　廣（広）➡ **广**

❸ へんやつくりの字形を省略するもの

語 ➡ **语**　銀 ➡ **银**　緑 ➡ **绿**

❹ 意味をとる「会意」の方法によるもの

陰 ➡ **阴**　陽 ➡ **阳**　孫 ➡ **孙**

❺ 音が同じ文字を用いる「形声」の方法によるもの

態 ➡ **态**　藝（芸）➡ **艺**　優 ➡ **优**

❻ 筆画の簡単な字音の文字に置き換える「仮借」の方法によるもの

麵 ➡ **面**　鬱 ➡ **郁**　裏 ➡ **里**　鬪 ➡ **斗**

❼ 草書体の字形を用いて楷書化したもの

書 ➡ **书**　門 ➡ **门**　發（発）➡ **发**　専 ➡ **专**

❽ 複雑な字形の一部を簡単にしたもの

戲 ➡ **戏**　隊 ➡ **队**　趙 ➡ **赵**　漢 ➡ **汉**

なかには日本語と同じ漢字もありますが、「画」と「**画**」、「歩」と「**步**」、「変」と「**变**」、「館」と「**馆**」のように、似て非なるものがあります。簡体字は、新出単語が出てくるたびに覚えていきましょう。

3 発音記号と発音

ピンインとは？

中国語は漢字という**表意文字**を使う言語です。表意文字とは読んですぐ意味がわかる文字のことです。これは、文字自体に意味がなく、発音だけを表すアルファベットや日本語の仮名のような表音文字とは根本的に違います。

仮名で書かれたものなら46文字と濁点、促音などのルールを覚えれば、どんな単語も発音することができます。しかし、漢字の場合は大げさにいえば5万個ともいわれる漢字ひとつひとつの発音がわからなければ、発音することはできません。困ったことに、中国語には長い間、日本語の仮名にあたる文字がありませんでした。

学習者のこうした不便さを克服するため、1958年、中国で考案されたのが**ピンイン**（中国式表音ローマ字）です。現在では、正しい普通話（プゥトォンホァ）をマスターするために、中国の小学校ではこのピンインを使って発音を学んでいます。

だれもが知っている中国語のあいさつ「ニーハオ（**你好**）こんにちは」をピンインで表してみると「Nǐ hǎo」となります。「i」と「a」の上には、「**ˇ**」という記号がありますが、これは中国語の発音の特徴である声調を表しています。このように、ピンインとはローマ字と声調記号を合わせたものをいいます。

4つのトーン「四声」

音声01

中国語の声調には、4種類のトーンすなわち四声（しせい）があります。「ma」という発音で、四声を練習してみましょう。

●第一声（高く平らかに）

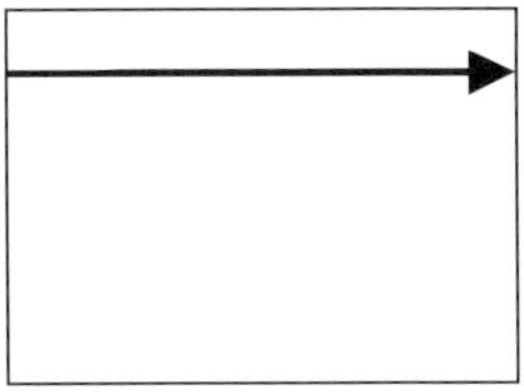

「うーさぎおーいし♪」と歌うときの「うー」や「おー」と言う感じ。➡mā「**妈**（お母さん）」

●第二声（思いっきり急上昇させて）

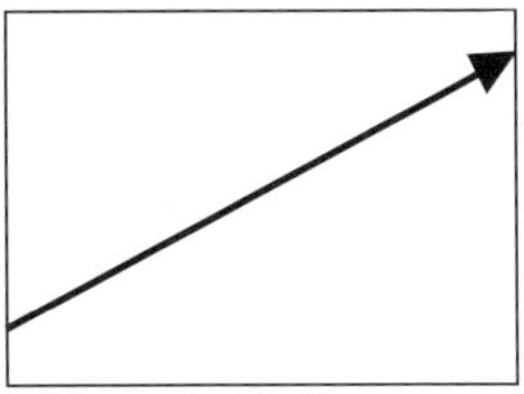

日本人にとって、いちばん発音しづらい声調です。
「えぇっ、ほんとう！」の「えぇっ」と驚いた感じ。➡má「**麻**（麻布のこと）」

●第三声（低く平らかに）

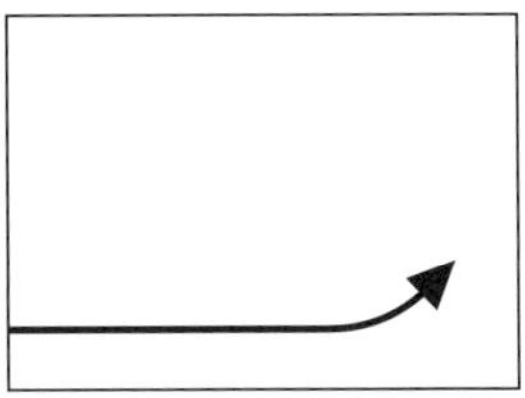

末尾を少し尻上がりにします。
「へぇ、そうなの」と言うときの「へぇ」という発音と同じ。➡mǎ「**马**（馬）」

●第四声（思いっきり急下降させて）

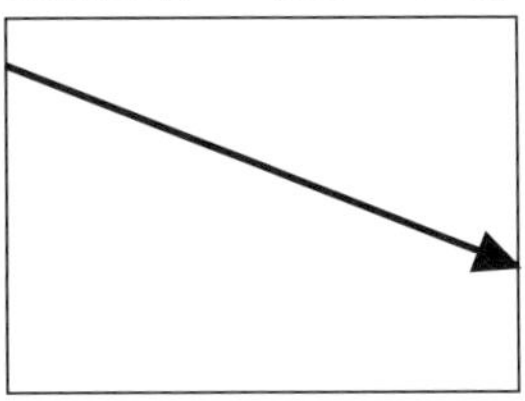

「さぁ行こう！」と言うときの「さぁ」の感じ。
➡mà「**骂**（叱る）」

4 子音と母音

漢字は一音節

漢字は、「形（スタイル）・声（発音）・義（意味）」が備わった文字です。発音は、「**妈**」なら「mā マ」のように1つの漢字は必ず一音節という厳然たるルールがあります。また、漢字の音節は「子音（声母）＋母音（韻母）」からできています。子音は全部で21種類、母音は38種類あります。「ma」「man」を例に、中国語の音節のしくみをみてみましょう。

	音節	
	子音（声母）	母音（韻母）
ma	m	a
man	m	an

中国語の発音をマスターするには、

1. 声調を正確に発音できるようにする

2. 母音（韻母）を正確に発音できるようにする

3. 子音（声母）を正確に発音できるようにする

という3段階を追って練習していく必要があります。

単母音〔7 種類〕

音声 02

母音の基本は母音 1 つからなる単母音です。

a　ア	日本語の「あ」より大きく口を開ける。
o　オ	日本語の「お」より唇を丸く突き出す。
e*　オ	日本語の「え」ではない。「え」の口でのどの奥から「う」と言う。
i（yi）　イ	「いーっだ」と子どもが言うときの要領。
u（wu）　ウ	口を突き出して「う」と言う。
ü（yu）* ユィ	横笛を吹くときの口をして「い」と言う。
er*　アル	「e」の口をして舌をそり上げる。

＊印は日本語にない発音です。

複合母音〔13 種類〕

音声 03

単母音を 2 つ、3 つと重ねたもの。

二重母音	二重母音	三重母音
最初の母音を大きく発音するタイプ。「ei」は「エイ」と発音するので注意。	2 番目の母音を大きく発音するタイプ。	単母音を 3 つ重ねたもの。
ai（アイ）　ei（エイ） ao（アオ）　ou（オウ）	ia（ya）（ヤ）　ie（ye）（イエ） ua（wa）（ワ）　uo（wo）（ウォ） üe（yue）（ユエ）	iao（yao）（ヤオ）　iou（you）（ヨウ） uai（wai）（ワイ）　uei（wei）（ウェイ）

子音〔21 種類〕

音声 04

	❶無気音	❷有気音			
唇音	b（o）ボ	p（o）ポ	m（o）モ	❹ f(o)フォ	—
舌尖音	d（e）ド	t（e）トォ	n（e）ノ	—	l（e）ロ
舌根音	g（e）ゴォ	k（e）コォ	—	❺ h(e) ホ	—
舌面音	j（i）ジィ	q（i）チィ	—	❻ x(i)シィ	—
そり舌音❸	zh（i）ジ	ch（i）チ	—	sh（i）シ	r（i）ルィ
舌歯音	z（i）ズ	c（i）ツ	—	s（i）ス	—

❶**無気音**は、息を抑えて発音します。「b, d, g, j」などを発音するときに「ボ」「ド」「ゴォ」「ジィ」と日本語の濁音のように発音してはいけません。普通話には濁音の発音はありません。

❷**有気音**は、発音するときに息を強く吐き出す破裂音です。

❸「zh, ch, sh, r」は**そり舌音**という日本語にない発音で、中国語の発音でいちばん難しいものです。まず、日本語で「チ・チ・シ・リ」と発音します。そのとき舌は下にありますね。それでは次に「チ・チ・シ・リ」と発音するときに舌をわざと上にそらせて発音してみてください。空気がこもったような発音になるはずです。それがそり舌音です。「r」は「リ」という発音ではありません。

❹「f」は英語の f と似た発音で唇をかんで発音します。

❺「h」は「ハ」ではありません。いびきをかくように、のどの奥から声を出す要領で「ハー」と言ってみてください。

❻「xi」は日本語の「シィ」と発音します。

鼻母音〔16種類〕

音声 05

-n、-ngをもつ母音。

an　アン	en　エン	ang　アン	eng　オン	ong　オン
ian（yan） イエン	in（yin） イン	iang（yang） ヤン	ing（ying） イン	iong（yong） ヨン
uan（wan） ワン	uen（wen） ウェン	uang（wang） ワン	ueng（weng） ウォン	—
üan（yuan） ユアン	ün（yun） ユィン	—	—	—

-nと-ngの区別も日本人の苦手とする発音です。これは、「案（あん）内」「案（あん）外」という日本語の発音で覚えると区別しやすくなります。**「案内」の「あん」は「an」、「案外」の「あん」は「ang」**です。また、**赤ちゃんにご飯をあげるときは「あーん」と言いますが、その発音が「ang」の発音**になります。その要領で、上の表を発音練習してみましょう。

ここで紹介した子音と母音のすべての組み合わせをまとめたものが30〜31ページの音節表です。すべての漢字は子音＋母音でできていますから、21×38＝798通りということになりますが、実際の発音として存在しないものもあります（音節表参照）。実際にはおよそ400あまりの音節しかありません。ここまでみてきたピンインを正確に読めれば、すべての音を正確に発音できるということになります。ピンインは日本のローマ字と違いますから、ひとつひとつ、どのように発音するのか確認し、中国語の発音としてピンインを覚えましょう。

5 基本的な文型

基本は英語に似ている

中国語の基本的な構造は、英語と同じ「S + V」「S + V + O」という形をとります。英語と決定的に違うのは、**中国語の動詞・形容詞には格変化がまったくない**ことです。主語がだれであろうが、時間がいつのことであろうが、動詞はそのままの形で使われます。また、日本語のような「てにをは」つまり「助詞」はなく、漢字を並べるだけで表現します。

それでは、ほぼ「ma」と「man」ばかりからなる次の例文を使って、中国語の組み立てをみていきましょう。

	ママ	チィ	マ	マ	マン	ママ	マ	マ
	Mā ma	qí	mǎ,	mǎ	màn	mā ma	mà	mǎ.
音声06	妈妈	骑	马,	马	慢,	妈妈	骂	马。
〔直訳〕	お母さん	乗る	馬	馬	遅い	お母さん	叱る	馬

お母さんは馬に乗りましたが、馬が遅いので、
お母さんは馬を叱りました。

時間は状況によって判断する

上の文章は「お母さんは馬に乗りますが、馬が遅いと、馬を叱ります」と、現在のことあるいはこれから先起こる未来のこととしても訳すことが可能です。中国語が表す時間は、前後の状況や文脈で決定されるもので、動詞だけの姿ではうかがい知ることができない特徴を持っています。

中国語は語順が大切

活用や格変化がない中国語は、語順こそが意味を正確に伝える最重要ポイントとなります。「马骑妈妈」となると、「馬がお母さんに乗る」という意味になってしまいます。

さて、中国語では動詞・形容詞だけでなく、名詞も述語となります。

次に、述語となる品詞ごとに、基本文型をみてみましょう。

動詞述語文「主語（S）＋動詞（V）＋目的語（O）」

述語部分が動詞になっている文を動詞述語文といいます。

〔肯定文〕妈妈 骑 马。
〔直訳〕お母さん 乗る 馬
お母さんは馬に乗ります。

〔否定文〕妈妈 不 骑 马。
〔直訳〕お母さん ない 乗る 馬
お母さんは馬に乗りません。

動詞の前に「不」を置く。

〔疑問文〕妈妈 骑 马 吗？
〔直訳〕お母さん 乗る 馬 か
お母さんは馬に乗りますか？

文末に「吗？」を置く。

形容詞述語文「主語(S)＋(副詞)＋形容詞」

〔肯定文〕马 慢，

〔直訳〕　馬　遅い

馬が遅くて、

〔否定文〕马 不 慢。

〔直訳〕　馬　ない　遅い

馬は遅くありません。

形容詞の前に「不」を置く。

〔疑問文〕马 慢 吗？

〔直訳〕　馬　遅い　か

馬は遅いですか？

文末に「吗？」を置く。

上の肯定文は、実は落ち着きが悪い文章です。「馬が遅くて、」のように何か続きがあるように感じられます。レッスン 15（p.100 〜）で詳しく学びますが、形容詞は単独で述語となることはできず、その前に必ず副詞をつけなければなりません。形容詞の前に「**很**（とても）」などの副詞を置いて「**马 很 慢。**」とすることで形容詞述語文は完成します。

また、否定文で用いる「**不**」の本来の声調は第四声 bù です。しかし、「**不**」の後ろに第四声の漢字がきた場合、「**不**」は第二声になるというルールがあります。そのため、「**不慢** bú màn」の「**不**」は第二声で発音します。

名詞述語文「主語（S）＋名詞」

日本語では述語は用言（動詞・形容詞・形容動詞）と決まっていますが、中国語には名詞が述語となる「名詞述語文」というものがあります。これはおもに話し言葉で使われます。

この構文は、もともと英語のbe動詞にあたる「是 shì（～だ）」が省略されたもので、年齢・時間・出身地などを言い表すときに用いられます。

〔肯定文〕**妈妈 北京人。**
〔直訳〕お母さん　北京出身
お母さんは北京出身です。

〔否定文〕**妈妈 不 是 北京人。**
〔直訳〕お母さん　ない　である　北京出身
お母さんは北京出身ではありません。

「是」を復活させ、その前に「不」を置く。

〔疑問文〕**妈妈 是 北京人 吗？**
〔直訳〕お母さん　である　北京出身　か
お母さんは北京出身ですか？

「是」を復活させ、文末に「吗？」を置く。

否定文、疑問文にするとき、すなわち「**不** bù」や「**吗** ma」をつけ加えるときは、「**是**」を復活させなければなりません。「**也** yě（～も）」などの副詞をつける場合も同様です。

6 丸暗記！ 基本フレーズ

こんにちは 音声07

中国語の「こんにちは」は「**你 好**！Nǐ hǎo!」。「あなた（**你**）、いいですね！」というのが直訳で、本来の意味です。目上の人、初対面の人には「あなた」をより丁寧な「**您**」に言い換えて、「**您 好**！Nín hǎo!」と言います。～＋**好**という形でいろいろなあいさつができます。

Nǐ men hǎo!
你们 好！
みなさん、こんにちは。

Dà jiā hǎo!
大家 好！
みなさん、こんにちは。

Lǎo shī hǎo!
老师 好！
先生、こんにちは。

Zǎo shang hǎo!
早上 好！
おはようございます。

Wǎn shang hǎo!
晚上 好！
こんばんは。

※朝から晩まで「你 好！」で通してしまっても問題ありません。

さようなら 音声08

ご存じのとおり「さようなら」は「**再见**！Zài jiàn!」です。読んで字のごとく、中国語の「さようなら」は「また会いましょう」の意味です。「～＋**见**」でいろいろな「さようなら」が言えます。

Míng tiān jiàn!
明天见！
明日、会いましょう。

Xià ge yuè jiàn!
下个月见！
来月、会いましょう。

Xià xīng qī jiàn!
下星期见！
来週、会いましょう。

Yǐ hòu jiàn!
以后见！
後で会いましょう。

ご機嫌いかがですか？ 音声09

Nǐ hǎo ma?
你好吗？
お元気ですか？

Nǐ zuì jìn zěn me yàng?
你最近怎么样？
最近どうですか？

Nǐ shēn tǐ hǎo ma?
你身体好吗？
体調はいかがですか？

Nǐ gōng zuò máng ma?
你工作忙吗？
お仕事は忙しいですか？

Tǐng hǎo. / Hěn hǎo.
挺好。/很好。
とても元気です。

Hái xíng. / Kě yǐ.
还行。/可以。
まあまあです。

Bú tài hǎo.
不太好。
あまりよくありません。

Hěn máng. / Bù máng.
很忙。/不忙。
忙しいです。/ 忙しくありません。

※「你呢？ Nǐ ne?（あなたは？）」で、相手に同じことを聞き返すことができます。

ありがとう—どういたしまして 音声10

Xiè xie a.
谢谢 啊。
ありがとうね。

Tài xiè xie nǐ le.
太 谢谢 你 了。
大変ありがとうございます。

Fēi cháng gǎn xiè.
非常 感谢。
どうもありがとうございます。

Méi shìr.
没 事 儿。
大丈夫だよ。

Bú yào kè qi.
不要 客气。
どういたしまして。

Bú yòng xiè.
不用 谢。
どういたしまして。

ごめんなさい—大丈夫です 音声11

Bù hǎo yì si.
不 好 意思。
悪いね。※

Duì bu qǐ.
对 不 起。
申し訳ありません（すみません）。

Má fan nǐ le.
麻烦 你 了。
面倒をおかけします。

Méi shìr.
没 事 儿。
大丈夫だよ。

Méi guān xi.
没 关系。
何でもありません。

Méi wèn tí.
没 问题。
大丈夫です。

※中国人には、日本人のように気安く謝る習慣がありません。やたらに「すみません」という日本の感覚で「对 不 起」を多用すると、変にへりくだりすぎた言い方になるので注意が必要です。軽く謝るときは「不 好 意思」を使いましょう。レストランで従業員を呼ぶとき、「すみません（对不起）」と言っても絶対に通じません。

ようこそ・初めまして・よろしく 音声12

Huān yíng guāng lín.
欢迎光临。
ようこそいらっしゃいました。

Chū cì jiàn miàn.
初次见面。
初めまして。

Qǐng nín hǎo hǎo xiū xi ba.
请您好好休息吧。
ごゆっくりお休みください。

Wǒ yě hěn gāo xìng.
我也很高兴。
私こそうれしいです。

Jiàn dào nín wǒ hěn gāo xìng.
见到您我很高兴。
あなたにお目にかかれてうれしいです。

Yǐ hòu qǐng duō duō guān zhào.
以后请多多关照。
以後よろしくお願いいたします。

音節表

子音＼母音	a	o	e	-i	-i	er	ai	ei	ao	ou	an	en	ang	eng	ong	i	ia	ie	iao
	a ア	o オ	e オ			er アル	ai アイ	ei エイ	ao アオ	ou オウ	an アン	en エン	ang アン	eng オン		yi イ	ya ヤ	ye イエ	yao ヤオ
b	ba バ	bo ボ					bai バイ	bei ベイ	bao バオ		ban バン	ben ベン	bang バン	beng ボン		bi ビ		bie ビエ	biao ビャオ
p	pa パ	po ポ					pai パイ	pei ペイ	pao パオ	pou ポウ	pan パン	pen ペン	pang パン	peng ポン		pi ピ		pie ピエ	piao ピャオ
m	ma マ	mo モ	me モ				mai マイ	mei メイ	mao マオ	mou モウ	man マン	men メン	mang マン	meng モン		mi ミ		mie ミエ	miao ミャオ
f	fa ファ	fo フォ						fei フェイ		fou フォウ	fan ファン	fen フェン	fang ファン	feng フォン					
d	da ダ		de ド				dai ダイ	dei デイ	dao ダオ	dou ドウ	dan ダン	den デン	dang ダン	deng ドン	dong ドォン	di ディ		die ディエ	diao ディアオ
t	ta タ		te トォ				tai タイ		tao タオ	tou トウ	tan タン		tang タン	teng トン	tong トォン	ti ティ		tie ティエ	tiao ティアオ
n	na ナ		ne ノ				nai ナイ	nei ネイ	nao ナオ	nou ノウ	nan ナン	nen ネン	nang ナン	neng ノン	nong ノォン	ni ニ		nie ニエ	niao ニャオ
l	la ラ	lo ロ	le ロ				lai ライ	lei レイ	lao ラオ	lou ロウ	lan ラン		lang ラン	leng ロン	long ロォン	li リ	lia リア	lie リエ	liao リャオ
g	ga ガ		ge ゴォ				gai ガイ	gei ゲイ	gao ガオ	gou ゴウ	gan ガン	gen ゲン	gang ガン	geng ゴン	gong ゴォン				
k	ka カ		ke コォ				kai カイ	kei ケイ	kao カオ	kou コウ	kan カン	ken ケン	kang カン	keng コン	kong コォン				
h	ha ハ		he ホ				hai ハイ	hei ヘイ	hao ハオ	hou ホウ	han ハン	hen ヘン	hang ハン	heng ホン	hong ホォン				
j																ji ジィ	jia ジャ	jie ジエ	jiao ジャオ
q																qi チィ	qia チャ	qie チエ	qiao チャオ
x																xi シィ	xia シャ	xie シエ	xiao シャオ
zh	zha ジャ		zhe ジョ	zhi ジ			zhai ジャイ	zhei ジェイ	zhao ジャオ	zhou ジョウ	zhan ジャン	zhen ジェン	zhang ジャン	zheng ジョン	zhong ジョオン				
ch	cha チャ		che チョ	chi チ			chai チャイ		chao チャオ	chou チョウ	chan チャン	chen チェン	chang チャン	cheng チョン	chong チョオン				
sh	sha シャ		she ショ	shi シ			shai シャイ	shei シェイ	shao シャオ	shou ショウ	shan シャン	shen シェン	shang シャン	sheng ション					
r			re ルォ	ri ルィ					rao ラオ	rou ロウ	ran ラン	ren レン	rang ラン	reng ルォン	rong ロン				
z	za ザァ		ze ゼォ		zi ズ		zai ザァイ	zei ゼイ	zao ザァオ	zou ゾォウ	zan ザン	zen ゼン	zang ザン	zeng ゾン	zong ゾォン				
c	ca ツァ		ce ツォ		ci ツ		cai ツァイ		cao ツァオ	cou ツォウ	can ツァン	cen ツェン	cang ツァン	ceng ツォン	cong ツォン				
s	sa サ		se ソォ		si ス		sai サイ		sao サオ	sou ソウ	san サン	sen セン	sang サン	seng ソン	song ソォン				

※読み仮名はあくまでも参考です。

iou	ian	in	iang	ing	iong	u	ua	uo	uai	uei	uan	uen	uang	ueng	ü	üe	üan	ün
you ヨウ	yan イエン	yin イン	yang ヤン	ying イン	yong ヨン	wu ウゥ	wa ワ	wo ウォ	wai ワイ	wei ウェイ	wan ワン	wen ウェン	wang ワン	weng ウォン	yu ユィ	yue ユエ	yuan ユアン	yun ユィン
	bian ビエン	bin ビン		bing ビン		bu ブゥ												
	pian ピエン	pin ピン		ping ピン		pu プゥ												
miu ミィウ	mian ミエン	min ミン		ming ミン		mu ムゥ												
						fu フゥ												
diu ディウ	dian ディエン			ding ディン		du ドゥ		duo ドゥオ		dui ドゥイ	duan ドアン	dun ドゥン						
	tian ティエン			ting ティン		tu トゥ		tuo トゥオ		tui トゥイ	tuan トアン	tun トゥン						
niu ニィウ	nian ニエン	nin ニン	niang ニャン	ning ニン		nu ヌゥ		nuo ヌオ			nuan ヌアン				nü ニュイ	nüe ニュエ		
liu リィウ	lian リエン	lin リン	liang リャン	ling リン		lu ルゥ		luo ルオ			luan ルアン	lun ルゥン			lü リュイ	lüe リュエ		
						gu グゥ	gua グァ	guo グオ	guai グァイ	gui グゥイ	guan グアン	gun グゥン	guang グアン					
						ku クゥ	kua クァ	kuo クオ	kuai クァイ	kui クゥイ	kuan クアン	kun クゥン	kuang クアン					
						hu フゥ	hua ホァ	huo フオ	huai ホァイ	hui ホゥイ	huan ホアン	hun フゥン	huang ホアン					
jiu ジュウ	jian ジィエン	jin ジン	jiang ジャン	jing ジン	jiong ジョオン										ju ジュイ	jue ジュエ	juan ジュアン	jun ジュン
qiu チュウ	qian チィエン	qin チン	qiang チャン	qing チン	qiong チョン										qu チュイ	que チュエ	quan チュアン	qun チュン
xiu シュウ	xian シィエン	xin シン	xiang シャン	xing シン	xiong ション										xu シュイ	xue シュエ	xuan シュアン	xun シュン
						zhu ジュ	zhua ジュア	zhuo ジュオ	zhuai ジュアイ	zhui ジュイ	zhuan ジュアン	zhun ジュン	zhuang ジュアン					
						chu チュ	chua チュア	chuo チュオ	chuai チュアイ	chui チュイ	chuan チュアン	chun チュン	chuang チュアン					
						shu シュ	shua シュア	shuo シュオ	shuai シュアイ	shui シュイ	shuan シュアン	shun シュン	shuang シュアン					
						ru ルゥ	rua ルア	ruo ルゥオ		rui ルゥイ	ruan ルゥアン	run ルゥン						
						zu ズゥ		zuo ズオ		zui ズェイ	zuan ズワン	zun ズゥン						
						cu ツゥ		cuo ツオ		cui ツェイ	cuan ツワン	cun ツゥン						
						su スゥ		suo スオ		sui スェイ	suan スワン	sun スン						

•コラム•

ロイヤルカラーとピンクカラー
中国人の色彩感覚と中国語

「黄 huáng」は皇帝の「皇 huáng」と発音が同じなので、古来、中国では高級なロイヤルカラーとして珍重されてきました。北京の故宮博物院へ行くと、宮殿の建物はみなロイヤルカラーとされる黄色の瓦が幾重にも続いています。中国文明をはぐくんできた母なる大河、「黄河 Huáng hé」。中原に広がる「黄土 huáng tǔ」高原。黄色は中国を象徴するカラーなのです。

また、中国の人々は、黄色に対して枯れゆく落ち葉も連想してきました。「黄」を動詞で使うと、「亲事黄了。Qīn shi huáng le.（縁談はだめになった）」のように「縁談や商売など、うまくいくはずのものが壊れてしまった」という意味で使われます。華やかな宮廷生活は、やがて訪れる王朝の退廃と常に表裏一体のものでした。中国の歴史はそれを伝えていますが、中国の人々は、こうしたことを熟知したうえで、黄色に対して壊れるという意味を持たせてきたのかもしれません。

そこで、現在では「黄色文学 huáng sè wén xué」「黄色电影 huáng sè diàn yǐng」といえば、前者は「ポルノ文学」、後者は「ポルノ映画」を意味します。壊れて堕落したもの、それは人間を滅ぼすエロチックなもの。中国的連想は広がり、現在では「黄色 huáng sè」という単語だけで扇情的でわいせつな意味を示すまでに発展してしまいました。これは日本人がピンクと聞いてイメージするのと同じ感覚です。

クイズ　次の単語はどういう意味でしょうか。

①黑社会（黒社会）　②黑车（黒車）　③白字（白字）
④白事（白事）　⑤红事（紅事）　⑥红色（紅色）

答え　①「やくざ」のこと　②正規の許可のないタクシーのこと。いわゆる日本の「白タク」　③誤字　④葬式　⑤めでたいこと。結婚式など　⑥共産主義的な

PART 2

文法トレーニング

ステップ1

ここから、いよいよ中国語の文法を学んでいきます。
ステップ１では、中国語の基本的な語順や疑問文、否定文のほか、数字やものの数え方、時間・金額の言い方について説明します。
また、名詞が述語になる、中国語独特の言い方、「名詞述語文」も学習します。

レッスン 1

中国語の基本的な語順

私は山田といいます。

中国語は、〈主語＋述語（動詞など）＋目的語〉と英語と同じ順序に単語を並べます。動詞が人称や時制によって変化することはありませんが、漢字を並べるだけでできあがる言語なので、その並べ方が何より大切です。

基本単語　まずは単語を覚えよう！

音声 13

中国語	読み方	日本の漢字にあてると	意味
□ 我	ウォ wǒ	〔我〕	私 名詞
□ 你	ニ nǐ	〔–〕	あなた 名詞
□ 他	タ tā	〔他〕	彼 名詞
□ 她	タ tā	〔–〕	彼女 名詞
□ 姓	シン xìng	〔姓〕	（名字は～）という 動詞
□ 教	ジャオ jiāo	〔教〕	教える 動詞
□ 爱	アイ ài	〔愛〕	愛する 動詞
□ 说	シュオ shuō	〔説〕	言う 動詞
□ 日语	ルィユィ Rì yǔ	〔日語〕	日本語 名詞
□ 汉语	ハンユィ Hàn yǔ	〔漢語〕	中国語 名詞
□ 英语	インユィ Yīng yǔ	〔英語〕	英語 名詞
□ 不	ブゥ bù	〔不〕	～ない 副詞 ＊動詞・形容詞の前について否定を表す。
□ 吗	マ ma	〔–〕	～か 助詞 ＊疑問文のときに語尾につける。

これだけ覚える！

音声 14

ルール1 中国語の語順はＳＶＯ（肯定文）

「S（主語）はV（動詞）する」と言うときは「S＋V」。また「SはO（目的語）をVする」のように目的語を伴う文は、「S＋V＋O」と英語と同様に単語を並べます。動詞によっては、「S＋V＋O_1（間接目的語）＋O_2（直接目的語）」というように目的語を2つとることもあります。

S（主語）＋V（動詞）　**SはVする**

ニ　シュオ
Nǐ shuō.
你 说。
〔直訳〕あなた 言う
あなたは言います。

ワンポイントアドバイス
「言って」と相手に話を促すときにこの表現を使います。

S（主語）＋V（動詞）＋O（目的語）　**SはOをVする**

ウォ　シン　シャンティエン
Wǒ xìng Shān tián.
我 姓 山田。
〔直訳〕私 という 山田
私は山田といいます。

ワンポイントアドバイス
日本人の名前は、簡体字の漢字で表記し、中国語の発音で読みます。

S（主語）＋V（動詞）＋O_1（間接目的語）＋O_2（直接目的語）

SはO_1にO_2をVする

「教（教える）」、「给（もらう）gěi ゲイ」など、動詞によっては、2つの目的語をとることがあります。

タ　ジャオ　ウォ　ハンユィ
Tā jiāo wǒ Hàn yǔ.
他 教 我 汉语。
〔直訳〕彼 教える 私 中国語
彼は私に中国語を教えます。

これだけ覚える！

ルール2 文末に「吗」をつければ、疑問文

文末に「吗」を置くだけで、疑問文ができます。語順は肯定文と変わりません。

S（主語）＋V（動詞）＋O（名詞）＋吗？　**SはOをVしますか？**

ニ Nǐ 你	アイ ài 爱	タ tā 她	マ ma? 吗？
あなた	愛する	彼女	か

〔直訳〕あなた　愛する　彼女　か

あなたは彼女を愛していますか？

これだけ覚える！

ルール3 動詞（形容詞）の前に「不」をつければ、否定文

動詞（形容詞）の前に「不」をつけるだけで否定文になります。

S（主語）＋不＋V（動詞）＋O（名詞）　**SはOをVしません**

ウォ Wǒ 我	ブゥ bú 不	アイ ài 爱	タ tā. 她。
私	しない	愛する	彼女

〔直訳〕私　しない　愛する　彼女

私は彼女を愛していません。

まとめて覚えよう　**人称代名詞**

私 （一人称）	あなた （二人称）	彼 （三人称）	彼女 （三人称）	それ （三人称）
我 wǒ	你 nǐ 您 nín（敬称）	他 tā*	她 tā*	它 tā*

＊中国語の三人称は発音がみな同じなので、会話のときは文脈で判断します。

ミニトレーニング **単語を正しい順序に並べて、文を完成させましょう。**

❶私は李といいます。

リ	ウォ	シン	
Lǐ	wǒ	xìng	
李	我	姓。	➡ (　　　　　　)
李	私	という	

❷私は彼女に英語を教えます。

ジャオ	ウォ	インユィ	タ	
jiāo	wǒ	Yīng yǔ	tā	
教	我	英语	她。	➡ (　　　　　　)
教える	私	英語	彼女	

❸彼は彼女を愛していますか？

タ	タ	マ	アイ	
tā	tā	ma	ài	
他	她	吗	爱？	➡ (　　　　　　)
彼	彼女	か	愛する	

❹あなたは彼女を愛していません。

ブゥ	ニ	アイ	タ	
bú	nǐ	ài	tā	
不	你	爱	她。	➡ (　　　　　　)
しない	あなた	愛する	彼女	

答え

①我 姓 李。　②我 教 她 英语。
③他 爱 她 吗?　④你 不 爱 她。

レッスン 2

～は…である（「～是…」の構文）

私は日本人です。

動詞の「是」は「A 是 B」という形をとります。AとBが同じものであることを表し、「A は B である」という意味になります。また「是」には、話し手の「確かに～だ」という強い肯定のニュアンスも含まれています。

基本単語　まずは単語を覚えよう！　音声15

中国語	読み方	日本の漢字にあてると	意味
□ 是	シ※ shì	〔是〕	～は…である 動詞
□ 日本人	ルィベンレン※ Rì běn rén	〔日本人〕	日本人 名詞
□ 中国人	ジョオングオレン※ Zhōng guó rén	〔中国人〕	中国人 名詞
□ 韩国人	ハングオレン Hán guó rén	〔韓国人〕	韓国人 名詞
□ 美国人	メイグオレン Měi guó rén	〔美国人〕	アメリカ人 名詞
□ 老师	ラオシ※ lǎo shī	〔老師〕	先生 名詞 ＊教師のことをいう。
□ 学生	シュエション※ xué sheng	〔学生〕	学生 名詞
□ 朋友	ポンヨウ péng you	〔朋友〕	友だち 名詞
□ 不	ブゥ bù	〔不〕	～ない 副詞 ＊動詞・形容詞の前について否定を表す。
□ 的	ド de	〔的〕	～の 助詞 ＊語尾の調子をやわらげる助詞にもなる。
□ 们	メン men	〔—〕	～たち 助詞 ＊代名詞につく。

※ zh、sh、r などの「そり舌音」の発音は、カタカナのとおりに発音してはいけません。

これだけ覚える！

ルール4 「是」は英語の be 動詞にあたる！

動詞の「**是**」は、英語の be 動詞にその働きが似ています。しかし決定的に違うのは、「**是**」は英語のように、主語の人称、数量、時制などに伴う語形の変化をしないことです。そのため、中国語の文法は簡単です。しかし「**是**」の発音はそり舌音なので、気をつけて発音しましょう。

A（主語）＋是（動詞）＋B（目的語）　**AはBである**

ウォ　シ　ルィベンレン
Wǒ shì Rì běn rén.
我 是 日本人。
〔直訳〕私　である　日本人
私は日本人です。

A（主語）＋不（副詞）＋是（動詞）＋B（目的語）　**AはBではない**

タ　ブゥ　シ　ジョオングオレン
Tā bú shì Zhōng guó rén.
他 不 是 中国人。
〔直訳〕彼　ない　である　中国人
彼は中国人ではありません。

> **ワンポイントアドバイス**
> 「不」の発音は、本来第四声ですが、後ろに第四声の単語がくるとき、第二声に変調します。

また p.36 のとおり、文末に「**吗**」をつけると疑問文ができます。

ニ　シ　ハングオレン　マ
Nǐ shì Hán guó rén ma?
你 是 韩国人 吗？
〔直訳〕あなた　である　韓国人　か
あなたは韓国人ですか？

これだけ覚える！

ルール5 「不是～吗」は、「～ではないか」という反語文

反語文とは強い肯定を表す文です。「是」を使った反語表現として、「**不是～吗**（～ではないか）」という言い方があります。

S（主語）＋不＋是＋～＋吗？

Sは～ではないか？

ニメン	ブゥ	シ	ハオポンヨウ	マ
Nǐ men	bú	shì	hǎo péng you	ma?
你们	不	是	好朋友	吗？
あなたたち	ない	である	よい友だち	か

〔直訳〕あなたたち ない である よい友だち か

あなたたちはよい友だちではないか？

ワンポイントアドバイス
中国語には、いろいろな「友だち」を示す単語があります。
「老朋友」lǎo péng you
「酒肉朋友」jiǔ ròu péng you
「知心朋友」zhī xīn péng you
それぞれどういう意味でしょうか。答えはこのページの下にあります。

「是」を使った疑問文に対する答え方

◆肯定の答え

シ ア
Shì a.
「**是 啊**。（はい）」

シ ド
Shì de.
「**是 的**。（はい）」

「**是**（はい）」１語ではややかしこまった感じがするので、調子をやわらげる助詞の「**啊**」や「**的**」を後ろにつけます。

◆否定の答え

ブゥ
Bù.
「**不**。（いいえ）」

ブゥ シ
Bú shì.
「**不 是**。（いいえ）」

「えっ！　そうなんですか？」と驚きの気持ちを込めるとき

シ マ
Shì ma?
「**是 吗？**（そうなんですか？）」

相づちを打つときに使ってみましょう。

ワンポイントアドバイスの答え

「**老朋友**」は「古くからの友人」、「**酒肉朋友**」は「飲み食い仲間」、「**知心朋友**」は「心から理解し合える友人」。中国人の人懐っこさが表現の多さにも表れています。

ミニトレーニング **（　）の中に漢字１字を入れて、会話を完成させましょう。**

❶あなたはアメリカ人ですか？

ニ Nǐ		メイグオレン Měi guó rén	マ ma?
你	（　　）	美国人	吗？
あなた	である	アメリカ人	か

❷いいえ、私は中国人です。あなたは日本人ですか？

	ウォ Wǒ	シ shì	ジョオングオレン。 Zhōng guó rén.	ニ Nǐ	シ shì	ルィベンレン Rì běn rén	マ ma?
（　　），	我	是	中国人。	你	是	日本人	吗？
いいえ	私	である	中国人	あなた	である	日本人	か

❸はい。私は日本語の教師です。

シ Shì		ウォ Wǒ	シ shì	ルィユィ Rì yǔ	ド de	ラオシ lǎo shī.
是	（　　）。	我	是	日语	的	老师。
はい		私	である	日本語	の	教師

❹そうなんですか？　私は学生です。

シ Shì		ウォ Wǒ	シ shì	シュエション xué sheng.
是	（　　）？	我	是	学生。
そうなんですか		私	である	学生

答え

①是　　②不
③啊／的　　④吗

レッスン3

副詞の置き場所と使い方

私も日本へ行きます。

副詞には、程度（「とても」「最も」など）、範囲（「みんな」「一緒に」など）、時間（「すぐに」「すでに」など）、否定（「〜しない」）などの意味を示すものがあります。これを文につけ加えることで、述語の内容をより詳しく伝えられます。副詞を置く位置にはルールがありますので、注意して学びましょう。

基本単語　まずは単語を覚えよう！

音声 17

中国語	読み方	日本の漢字にあてると	意味
□ 也	イエ yě	〔也〕	〜も 副詞
□ 都	ドウ dōu	〔都〕	みんな 副詞
□ 一点儿	イディアル yì diǎnr	〔一点児〕	ちょっと
□ 有点儿	ヨウディアル yǒu diǎnr	〔有点児〕	ちょっと
□ 去	チュイ qù	〔去〕	行く 動詞
□ 来	ライ lái	〔来〕	来る 動詞
□ 便宜	ピエンイ pián yi	〔便宜〕	安い 形容詞
□ 贵	グゥイ guì	〔貴〕	高い 形容詞
□ 好	ハオ hǎo	〔好〕	よい・元気である 形容詞
□ 吧	バ ba	〔—〕	〜よ 助詞 ＊要求または相談の語気を表す。
□ 今天	ジンティエン jīn tiān	〔今天〕	今日 名詞
□ 热	ルォ※ rè	〔熱〕	暑い 形容詞

※そり舌音なので、カタカナのまま発音しないこと。

これだけ覚える！

音声18

ルール6 ほとんどの副詞は述語の前にくる！

「**也**（～も）」「**都**（みんな）」「**不**（～ない）」は、文法上副詞に分類されます。これらほとんどの副詞は、述語である動詞や形容詞の前に置き、述語を修飾します。この語順は重要です。副詞は述語の前、その位置は変えることができません。

【副詞の位置①】

主語＋副詞＋述語（動詞）＋目的語

例えば日本語では、「私も日本へ行きます」と「私は日本へも行きます」では意味が違います。しかし、中国語では、両方とも次の例文のように言います。これは、副詞は動詞の前に置くという厳格な決まりがあるからです。この２つの意味の違いは、前後の関係で判断するしかありません。

ウォ　イエ　チュイ　ルィベン
Wǒ yě qù Rì běn.
我 也 去 日本。
〔直訳〕私 も 行く 日本
私も日本へ行きます。／私は日本へも行きます。

【副詞の位置②】

主語＋副詞＋述語（形容詞）

タメン　ドウ　ハオ
Tā men dōu hǎo.
她们 都 好。
〔直訳〕彼女たち みんな 元気
彼女たちはみんな元気です。

> **ワンポイントアドバイス**
> 「都」の前には必ず複数の名詞がきます。「他都好（彼はみんな元気です）」と言うことはできません。

これだけ覚える！

ルール7 客観の「一点儿」と主観の「有点儿」

中国語には、「ちょっと」という意味を表す言い方が2つあります。客観的に量が少ないというニュアンスの「ちょっと」は「**一点儿**」といい、期待はずれだという主観的な気持ちを抱いているときの「ちょっと」は「**有点儿**」といいます。この2つの「ちょっと」は、下の例文のように語順が違いますので注意が必要です。

形容詞・動詞＋一点儿　ちょっと～

ピエンイ　イディアル　バ
Pián yi　yì diǎnr　ba!
便宜　一点儿　吧！
〔直訳〕　安い　ちょっと　よ

ちょっと（だけ）安くしてくださいよ！

ワンポイントアドバイス
ほかにもこんな場合に使います。
「我 说 一点儿 汉语。」
（私は少し中国語を話します）

有点儿＋形容詞　ちょっと～（「いやだなあ」という気持ち）

ジンティエン　ヨウディアル　ルォ
Jīn tiān　yǒu diǎnr　rè.
今天　有点儿　热。
〔直訳〕　今日　ちょっと　暑い

今日はちょっと暑いです。

ワンポイントアドバイス
ほかにもこんな場合に使います。
「我 有点儿 困。」
（私は少し眠いです）

まとめて覚えよう　副詞

最も	一緒に	すぐに	すぐに	とても
最 zuì	一起 yì qǐ	马上 mǎ shàng	就 jiù	很 hěn

ミニトレーニング 〔　〕内の単語を並べかえて、中国語を完成させましょう。

❶ちょっとだけ（値段が）高い（いやだなぁ）。〔贵（高い） 有点儿（ちょっと）〕

（　　　　　　　　　　　　）。

❷私たちは一緒に中国へ行きます。〔我们（私たち） 去（行く） 中国（中国） 一起（一緒に）〕

（　　　　　　　　　　　　）。

❸彼女の中国語は少しよい（上手）です。〔她（彼女） 好（よい） 汉语（中国語） 一点儿（ちょっと） 的（の）〕

（　　　　　　　　　　　　）。

❹彼らはみんな来ますか？〔他们（彼ら） 吗（か） 来（来る） 都（みんな）〕

（　　　　　　　　　　　　）？

❺彼女もすぐに来ますよ。〔马上就（すぐに） 她（彼女） 也（も） 吧（よ） 来（来る）〕

（　　　　　　　　　　　　）！

❻彼らはみんな元気です。〔他们（彼ら） 好（元気） 都（みんな）〕

（　　　　　　　　　　　　）。

答え

①有点儿 贵　②我们 一起 去 中国　③她 的 汉语 好 一点儿
④他们 都 来 吗　⑤她 也 马上就 来 吧　⑥他们 都 好

レッスン 4

疑問代詞を使った疑問文

だれが日本へ行き、中国語を教えますか？

中国語にもいわゆる5W1Hにあたる疑問代詞があります。英語の場合は、疑問代詞を用いるとき、He is Tom. → Who is he? などと語順が変わります。しかし中国語の場合は、語順を変えずに聞きたい部分を、それに対応する疑問代詞に置き換えるだけで疑問文ができます。まずは基本の疑問代詞を覚えましょう。

基本単語　まずは単語を覚えよう！

音声 19

	中国語	読み方	日本の漢字にあてると	意味
人	□ 谁	シェイ shéi	〔誰〕	だれ 疑問代詞
事物	□ 什么	シェンモ shén me	〔─〕	何 疑問代詞
	□ 哪	ナ nǎ	〔─〕	どれ 疑問代詞
場所	□ 什么地方	シェンモディファン shén me dì fang	〔─〕	どこ 疑問代詞
	□ 哪儿	ナル nǎr	〔─〕	どこ 疑問代詞
	□ 哪里	ナリ nǎ li	〔─〕	どこ 疑問代詞
時間	□ 什么时候	シェンモシホウ shén me shí hou	〔─時候〕	いつ 疑問代詞
方法	□ 怎么	ゼンモ zěn me	〔─〕	なぜ 疑問代詞
状態 理由	□ 怎么样	ゼンモヤン zěn me yàng	〔─〕	どんな・どう 疑問代詞
	□ 怎样	ゼンヤン zěn yàng	〔─〕	どのように 疑問代詞
数量	□ 多少	ドゥオシャオ duō shao	〔多少〕	どのくらい 疑問代詞
	□ 几	ジィ jǐ	〔幾〕	いくつ 疑問代詞
程度	□ 多	ドゥオ duō	〔多〕	どれほど 副詞
──	□ 要	ヤオ yào	〔要〕	ほしい 動詞
	□ 苹果	ピングオ píng guǒ	〔─果〕	りんご 名詞

音声 20

これだけ覚える！

ルール8 聞きたいところに疑問代詞を置く！

例文

ニ Nǐ　ジンティエン jīn tiān　チュイ qù　ルィベン Rì běn　ジャオ jiāo　ハンユィ Hàn yǔ.

你 今天 去 日本 教 汉语。

〔直訳〕あなた［だれ］ 今日［いつ］ 行く 日本［どこへ］ 教える 中国語［何を］

あなたは今日日本へ行き、中国語を教えます。

例文を使って疑問文をつくってみます。

◆ **だれ**

シェイ Shéi　ジンティエン jīn tiān　チュイ qù　ルィベン Rì běn　ジャオ jiāo　ハンユィ Hàn yǔ

谁 今天 去 日本 教 汉语？

〔直訳〕だれ 今日 行く 日本 教える 中国語

だれが今日日本へ行き、中国語を教えますか？

◆ **いつ**

ニ Nǐ　シェンモシホウ shén me shí hou　チュイ qù　ルィベン Rì běn　ジャオ jiāo　ハンユィ Hàn yǔ

你 **什么时候** 去 日本 教 汉语？

〔直訳〕あなた いつ 行く 日本 教える 中国語

あなたはいつ日本へ行き、中国語を教えますか？

◆ **どこへ**

ニ Nǐ　ジンティエン jīn tiān　チュイ qù　ナリ nǎli　ジャオ jiāo　ハンユィ Hàn yǔ

你 今天 去 **哪里** 教 汉语？

〔直訳〕あなた 今日 行く どこ 教える 中国語

あなたは今日どこへ行き、中国語を教えますか？

◆ **何を**

ニ Nǐ　ジンティエン jīn tiān　チュイ qù　ルィベン Rì běn　ジャオ jiāo　シェンモ shén me

你 今天 去 日本 教 **什么**？

〔直訳〕あなた 今日 行く 日本 教える 何

あなたは今日日本へ行き、何を教えますか？

これだけ覚える！

ルール 9 中国語の指示代名詞は「这」「那」「哪」の３つ

日本語には「これ（近称）」「それ（中称）」「あれ（遠称）」という３つの指示代名詞がありますが、中国語は 「**这** zhè（これ）」と「**那** nà（あれ）」の２つだけで、「それ」にあたる表現がありません。「どれ」は「**哪** nǎ」です。

◆「このりんご」と言うとき、中国語の場合、次のような語順になります。

指示代名詞＋数詞＋量詞＋名詞

ジョ Zhè　イ yí　ゴォ ge　ピングオ píng guǒ

这（一）个苹果

〔直訳〕これ　（いち）　個　りんご

この（1個の）りんご

> **ワンポイントアドバイス**
> 指示代名詞と名詞を直接つなぐことはできず、その間に数詞と量詞を入れなければなりません。
> なお、数詞が「一」のとき、これは省略できます。

◆「これをください」というように、「これ」が目的語になる場合は、数詞を省き量詞だけでもよいです。

ウォ Wǒ　ヤオ yào　ジョ zhè　ゴォ ge.

我要这个。

〔直訳〕私　ほしい　これ　個

私はこれがほしいです。

> **ワンポイントアドバイス**
> 「これは本です」のように、这が主語になるとき、「这 是 书」といい、「个」などの量詞は省略できます。しかし、指示代名詞が目的語になるときは省略できません。

まとめて覚えよう　指示代名詞

これ	近称	这	zhè	ジョ	これ
		这个	zhè ge	ジョゴォ	これ
		这些	zhè xiē	ジョシエ	これら
あれ	遠称	那	nà	ナ	あれ
		那个	nà ge	ナゴォ	あれ
		那些	nà xiē	ナシエ	あれら
どれ	疑問	哪	nǎ	ナ	どれ
		哪个	nǎ ge	ナゴォ	どれ
		哪些	nǎ xiē	ナシエ	どれら

＊日本人が感じる「それ」にあたる言葉がないため、「これ」や「あれ」で表現します。

ミニトレーニング 下の語群より漢字を選び、中国語を完成させましょう（語群の漢字は何度使ってもよい）。

❶それは何ですか？　これは本です。　※本＝书

那 是（　　　）？ 这 是 书。

❷彼はだれですか？　私の友だちです。

他 是（　　　）？ 他 是 我 的 朋友。

❸いつ日本に来ましたか？

你（　　　）来 日本？

❹このりんごはだれのですか？

（　　　）苹果 是（　　　）的？

❺どれがほしいですか？　これをください。

你 要（　　　）？ 我 要（　　　）。

❻あれらは日本語の辞書ですか？

（　　　）是 日语 词典 吗？

語群

这个　哪个　那些　谁　什么　什么时候

答え

①那 是（什么）？ 这 是 书。 ②他 是（谁）？ 他 是 我 的 朋友。
③你（什么时候）来 日本? ④（这个）苹果 是（谁）的?
⑤你 要（哪个）？ 我 要（这个）。 ⑥（那些）是 日语 词典 吗?

レッスン
5 「吗」や疑問詞を使わない疑問文
あなたは北京料理を食べますか？

これまでのレッスンでは①文末に「**吗** ma」をつける疑問文②疑問代詞（**谁**、**什么**など）を使う疑問文を学びました。ここでは、それ以外の疑問文を紹介します。

基本単語 まずは単語を覚えよう！

音声 21

中国語	読み方	日本の漢字にあてると	意味
□ 北京	ベイジン Běi jīng	〔北京〕	北京 名詞
□ 南京	ナンジン Nán jīng	〔南京〕	南京 名詞
□ 西安	シィアン Xī'ān	〔西安〕	西安 名詞
□ 喝	ホ hē	〔—〕	飲む 動詞
□ 吃	チ chī	〔喫〕	食べる 動詞
□ 看	カン kàn	〔看〕	見る・読む 動詞
□ 喜欢	シィホアン xǐ huan	〔喜歓〕	好む 動詞
□ 菜	ツァイ cài	〔菜〕	料理 名詞
□ 茶水	チャシュイ chá shuǐ	〔茶水〕	お茶 名詞
□ 酒	ジュウ jiǔ	〔酒〕	お酒 名詞
□ 啤酒	ピジュウ pí jiǔ	〔—酒〕	ビール 名詞
□ 还是	ハイシ hái shi	〔還是〕	それとも 副詞

これだけ覚える！

音声 22

ルール10 「～しますか、～しませんか？」の反復疑問文

S（主語）＋V＋不＋V＋目的語？

S（主語）＋V＋目的語＋不＋V？

Sは～をVしますか（しないですか）

ニ チ ブゥ チ ベイジンツァイ
Nǐ chī bu chī Běi jīng cài?

你 吃 不吃 北京菜？

〔直訳〕あなた 食べる 食べない 北京料理

ニ チ ベイジンツァイ ブゥ チ
Nǐ chī Běi jīng cài bù chī?

你 吃 北京菜 不吃？（このような語順でもよい）

〔直訳〕あなた 食べる 北京料理 食べない

あなたは北京料理を食べますか？

◆「～するのが好き」と言うとき

中国語では「**喜欢**（好き・動詞）＋動詞」という形で表現します。このように動詞が２つ重なるような場合、前の動詞（助動詞の扱いになる）を反復させます。

ニ シィホアン ブゥ シィホアン チ ジョオングオツァイ
Nǐ xǐ huan bu xǐ huan chī Zhōng guó cài?

你 喜欢 不 喜欢 吃 中国菜？

〔直訳〕あなた 好む 好まない 食べる 中国料理

中国料理は好きですか？

＊「料理が好きか」と聞く場合、日本語では上の訳文のように、動詞にあたる「食べる」という自明の事実は省きます。しかし中国語では、この「**吃** chī」を必ず入れて言わなければなりません。

＊日本語は主語も省略しがちですが、中国語は省かないで言うので、文頭の「**你** nǐ」も忘れないようにしましょう。

これだけ覚える！

ルール11 するorしないは選択疑問文「还是」

反復疑問文の一種で、「(**是**) ～**还是**～」という形で、「～か、それとも～か？」という意味の選択疑問文をつくることができます。選択疑問文では、文末に「**吗**」をつけることはできません。

ワンポイントアドバイス
「是」以外の動詞で、この構文を使うとき、動詞の前の「是」は省略できます。

（是）～还是～ **～か、それともか～**

ニ	(シ)	ホ	チャシュイ	ハイシ	ホ	ジュウ
Nǐ	(shì)	hē	chá shuǐ	hái shi	hē	jiǔ?
你	(是)	喝	茶水	还是	喝	酒？
〔直訳〕あなた	(である)	飲む	お茶	それとも	飲む	お酒

お茶を飲みますか、それともお酒を飲みますか？

これだけ覚える！

ルール12 確認のニュアンスを表す「是不是」疑問文

「**是不是**」を文頭、述語の前、文末に挿入して、「～でしょう？」「～ですね？」のような確認のニュアンスをもつ疑問文をつくることができます。どこに置いても意味は同じです。

「是不是」疑問文 **～でしょう？**

ニ	シブゥシ	ホ	ジュウ
Nǐ	shì bu shì	hē	jiǔ?
你	是不是	喝	酒？（述語の前）
〔直訳〕あなた	である でない	飲む	お酒

あなたお酒飲むんでしょう？

是不是 你 喝 酒?　你 喝 酒 是不是?
でも正しい文となります。

ミニトレーニング 下の語群より漢字を選び、中国語を完成させましょう。（語群の漢字は何度使ってもよい）

❶あなたは中国料理を食べますか？（反復疑問文を使う）
いいえ、日本料理を食べます。

（　　　　　　　　）？ 不，（　　　　　　　　）。

❷彼は本を読むのが好きですか？（喜欢を使う）

（　　　　　　　　）不（　　　　　　　　）书？

❸ビールを飲みますか、それともお茶を飲みますか？

（　　　　　　　　）还是（　　　　　　　　）？

❹西安に行きますか、それとも南京に行きますか？
（还是を使う）

你 去（　　　　　　　　）？

❺山田君は北京へ行くんでしょう？

是（　　　　　　　　）山田去（　　　　　　　　）？

語群

我 你 他 们 的 吃 是 不 还是 喜欢 看 喝 去
中国菜 日本菜 啤酒 茶水 北京 西安 南京

答え

①（你 吃 不吃 中国菜）？ 不，（我 吃 日本菜）。②（他 喜欢）不（喜欢 看）书？
③（你 喝 啤酒）还是（喝 茶水）？ ④你 去（西安 还是 去 南京）？
⑤是（不是）山田去（北京）？

会話を聞いて復習！①

音声 23

レッスン１からレッスン５までで学習した文法事項を含む会話文を聞いて、56ページ Ⅰ ～ Ⅲ の問題に答えましょう。

张 建华

初次见面。【　A　】？

はじめまして。Ⓐお名前は？

我（　①　）山田，叫 山田 聪。

私は山田です。山田聡といいます。

山田

㋐我 叫 张 建华。（　②　）多多关照。

（　㋐　）どうぞよろしく。

欸，小 张，你 是 学生（　③　）？

あ、張さん、あなたは学生ですか？

（　④　）。【　B　】。㋑你呢？

いいえ、Ⓑ私は教員です。（　㋑　）

我是医生。她是(　⑤　)?
私は医者です。彼女はだれですか？

㋒她是我妹妹。【　C　】。
(　㋒　)©彼女は学生です。

㋓是吗？她很【　D　】。
(　㋓　)彼女はとても©美人なんですね。

㋔你喝茶水还是喝啤酒？
(　㋔　)

我【　E　】。
私は©ビールを飲みます。

新出単語

您贵姓? 〔Nín guì xìng?　ニングゥイシン〕お名前は？　**叫**〔jiào ジャオ〕(名前を) ~という **動詞**

请多多关照〔Qǐng duō duō guān zhào チンドゥオドゥオグアンジャオ〕どうぞよろしく。

欸〔éi エイ〕ねえ、おい **感嘆詞**　**小**〔xiǎo シャオ〕+姓　~さん。**接頭詞**

你呢? 〔Nǐ ne? ニノ〕あなたは？　**医生**〔yī shēng イション〕医者 **名詞**

妹妹〔mèimei メイメイ〕妹 **名詞**　**漂亮**〔piào liang ピャオリャン〕きれい **形容詞**

問題 54、55ページの会話を聞いて、次の質問に答えましょう。

Ⅰ （①）から（⑤）に入る語を漢字１字で書きましょう。

①	②	③	④	⑤

Ⅱ 下線部㋐から㋔までを日本語に訳しましょう。

㋐

㋑

㋒

㋓

㋔

Ⅲ AからEまでの日本語を中国語で書きましょう。

A

B

C

D

E

答え

Ⅰ

①姓　②请　③吗　④不　⑤谁

Ⅱ

㋐　私は張建華といいます。　　㋑　あなたは？
㋒　彼女は私の妹です。　　㋓　そうなんですか？
㋔　お茶を飲みますか、それともビールを飲みますか？

Ⅲ

A　您贵姓
B　我是老师
C　她是学生
D　漂亮
E　喝啤酒

レッスン 6

部分否定と全部否定

彼はまったく遠慮がない。

中国語は語順が大事な言語です。このレッスンで学ぶ部分否定（～とは限らない）と全部否定（まったく～ない）の違いも、「不」と「副詞」の順番で決定します。

基本単語　まずは単語を覚えよう！

音声 24

中国語	読み方	日本の漢字にあてると	意味
□ 客气	コォチィ kè qi	〔客気〕	遠慮がちである 形容詞
□ 认真	レンジェン rèn zhēn	〔認真〕	まじめである 形容詞
□ 严格	イエンゴォ yán gé	〔厳格〕	厳しい 形容詞
□ 好吃	ハオチ hǎo chī	〔好喫〕	おいしい 形容詞
□ 太	タイ tài	〔太〕	とても 副詞
□ 很	ヘン hěn	〔—〕	とても 副詞
□ 都	ドウ dōu	〔都〕	みんな（全部） 副詞
□ 些	シエ xiē	〔些〕	～ら 量詞
□ 公司职员	ゴォンスジユアン gōng sī zhí yuán	〔公司職員〕	会社員 名詞
□ 桃子	タオズ táo zi	〔桃子〕	桃 名詞
□ 饺子	ジャオズ jiǎo zi	〔餃子〕	餃子 名詞
□ 栗子	リズ lì zi	〔栗子〕	栗 名詞

これだけ覚える！

音声 25

ルール13 「很不」は全部否定、「不很」は部分否定

「**很**（とても）」などの副詞で修飾された述語を否定し、「まったく～ない」「必ず～しない」のように全部否定をつくる場合は、副詞の後ろ、つまり述語の直前に「**不**」を置きます。「必ずしも～ない」のように部分否定をつくる場合は、副詞の直前に「**不**」を置きます。

主語＋很＋不＋… **まったく～ない（全部否定）**

タ　ヘン　ブゥ　コォチィ
Tā hěn bú kè qi.
他 很 不 客气。
副詞（很）　形容詞（客气）
〔直訳〕彼　とても　ない　遠慮がちである
彼はまったく遠慮がない。

ティエンジョオン　ヘン　ブゥ　レンジェン
Tián zhōng hěn bú rèn zhēn.
田中 很 不 认真。
副詞（很）　形容詞（认真）
〔直訳〕田中さん　とても　ない　まじめである
田中さんはまったくまじめではない。

主語＋不＋很＋… **必ずしも～ない（部分否定）**

ティエンジョオン　ブゥ　ヘン　レンジェン
Tián zhōng bù hěn rèn zhēn.
田中 不 很 认真。
副詞（很）　形容詞（认真）
〔直訳〕田中さん　ない　とても　まじめである
田中さんはそんなにまじめではない。

これだけ覚える！

ルール14 「都不」は「みんな～ではない」「不都」は「みんなが～とは限らない」

全部否定と部分否定の文をつくる副詞には「**都**（みんな）」もあります。

主語＋都＋不＋… みんな～ではない（全部否定）

タメン　ドウ　ブゥ　シ　ゴォンスジユアン
Tā men dōu bú shì gōng sī zhí yuán.

他们 都 不 是 公司职员。

〔直訳〕 彼ら　みんな　ない　である　会社員

彼らは全員会社員ではない。

主語＋不＋都＋… みんなが～とは限らない（部分否定）

ナシエ　ブゥ　ドウ　シ　タオズ
Nà xiē bù dōu shì táo zi.

那些 不 都 是 桃子。

〔直訳〕 あれら　ない　みんな　である　桃

あれら全部が桃というわけではない。

◆「**不＋太＋…**」（あまり～ない）という部分否定表現もよく使います。

ウォ　ブゥ　タイ　シィホアン　チ　ジャオズ
Wǒ bú tài xǐ huan chī jiǎo zi.

我不太喜欢吃饺子。

〔直訳〕 私　ない　とても　好き　食べる　餃子

私はあまり餃子が好きではない。

ワンポイントアドバイス
「太＋不＋…了」という全部否定表現は「あまりにも～ない」という意味になります。
「你的态度太不好了。」（あなたの態度はあまりにもよくないね）

ミニトレーニング （　　）に漢字2字を入れて、文を完成させましょう。

❶彼女たちは全員学生ではありません。
她们（　　　　　　）是 学生 。

❷彼らがみんな会社員とは限らない。
他们（　　　　　　）是 公司职员 。

❸私は栗があまり好きではありません。
我（　　　　　　）喜欢 吃 栗子 。

❹この餃子はまったくおいしくない。
这 个 饺子（　　　　　　）好吃 。

❺李さんはそんなに遠慮がちではない。
小李（　　　　　　）客气 。

❻王先生は全然厳しくない。
王老师（　　　　　　）严格 。

答え

①都不　②不都　③不太（または不很）
④很不（または太不）　⑤不很（または不太）　⑥很不（または太不）

レッスン 7

ものの数え方—量詞

カメラを１台ください。

中国語は、日本語と同様に数える対象によって単位が違います。例えば、自動車１台は「**一辆**」、鉛筆１本は「**一枝**」、猫１匹は「**一只**」と言います。中国語では 数詞＋量詞＋名詞 の形で、ものの数（単位）を表現します。

基本単語　次の単語はよく使う量詞です。

音声 26

中国語	読み方	日本の漢字にあてると	意　味
□ 个※	ゴォ ge	〔個〕	ものや人を数える 量詞 ＊一个人（1人）
□ 把	バ bǎ	〔把〕	取っ手のあるものを数える 量詞 ＊两把椅子（2つの椅子）
□ 本	ベン běn	〔本〕	書籍を数える 量詞 ＊三本书（3冊の本）
□ 件	ジィエン jiàn	〔件〕	服や荷物を数える 量詞 ＊四件衣服（4枚の服）
□ 块	クァイ kuài	〔塊〕	塊状のものを数える 量詞 ＊五块石头 shí tou（5つの石）
□ 辆	リャン liàng	〔輛〕	車、乗り物を数える 量詞 ＊六辆汽车（6台の自動車）
□ 条	ティアオ tiáo	〔条〕	長いものを数える 量詞 ＊七条马路（7本の道）
□ 张	ジャン zhāng	〔張〕	平らな面をもつものを数える 量詞 ＊八张照片 zhào piàn（8枚の写真）
□ 只	ジ zhī	〔只〕	小動物を数える 量詞 ＊九只猫（9匹の猫）
□ 枝	ジ zhī	〔枝〕	細長いものを数える 量詞 ＊十枝钢笔（10本のペン）
□ 位	ウェイ wèi	〔位〕	目上の人を数える 量詞 ＊十一位老师（11人の先生方）
□ 架	ジャ jià	〔架〕	機械などを数える 量詞 ＊十二架飞机（12機の飛行機）
□ 片	ピエン piàn	〔片〕	薄く平らなものを数える 量詞 ＊十三片面包 miàn bāo（13切れのパン）

※「个」は日本語の「個」にあたり、特定の量詞がない名詞や漠然としたものの数をいうときに広く使うことができます。

これだけ覚える！

音声 27

ルール15 数字は名詞を直接修飾できない 数詞＋量詞＋名詞

英語の場合は two books のように数字が直接名詞を修飾することができますが、中国語の場合、数字と名詞の間に必ず量詞を入れなくてはなりません。これは日本語と同じです。

ウォ　ヤオ　イ　ジャ　ジャオシャンジィ
Wǒ yào yí jià zhào xiàng jī.
我 要 一 架 照相机。
〔直訳〕私 ください 1 台 カメラ
カメラを1台ください。

ワンポイントアドバイス
中国語では、犬は1本、2本と数えます。これは食用で市場に吊して売っていたことに由来するのでしょう。
このように、日本語と言い方が違う量詞が多いので注意。

ジョ　ティアオ　ゴウ　アイ　チ　ミエン ティアオ
Zhè tiáo gǒu ài chī miàn tiáo.
这 条 狗 爱 吃 面条。
〔直訳〕これ 本 犬 するのが好き 食べる めん類
この犬はめん類を好んで食べる。

◆おもな量詞①

- 一（本）词典　1冊の辞典
- 两（件）行李　2つの荷物　※「行李 xíng li」荷物
- 三（条）河　3本の川　※川は長い。
- 四（枝）铅笔　4本の鉛筆　※鉛筆は細長い。
- 五（张）桌子　5つの机　※「桌子 zhuō zi」机。机は平べったい。
- 六（辆）自行车　6台の自転車　※自転車は乗り物。
- 七（架）录像机　7つのビデオ　※「录像机 lù xiàng jī」ビデオ
- 八（把）雨伞　8本の傘　※「雨伞 yǔ sǎn」傘。傘には取っ手がある。

これだけ覚える！

ルール16 ペアのもの、容器の中にあるものも特定の量詞を使う

ペアのもの

副	fù フゥ	〔副〕	2つで1つになるもの ＊一副眼镜 yí fù yǎn jìng
对	duì ドゥイ	〔対〕	1対のもの ＊一对夫妻 yí duì fū qī
套	tào タオ	〔套〕	セットのもの ＊一套茶具 yí tào chá jù
双	shuāng シュアン	〔双〕	もともと2つ備わっているもの ＊一双眼睛(眼睛＝目) yì shuāng yǎn jing

容器の中にあるもの

杯	bēi ベイ	〔杯〕	カップ単位で数える ＊一杯啤酒 yì bēi pí jiǔ
瓶	píng ピン	〔瓶〕	ビン単位で数える ＊一瓶啤酒 yì píng pí jiǔ
碗	wǎn ワン	〔碗〕	お碗単位で数える ＊一碗米饭 yì wǎn mǐ fàn
壶	hú フゥ	〔壺〕	ポット単位で数える ＊一壶茶 yì hú chá

◆おもな量詞②

- 一（副）耳环　1対のイヤリング　※「耳环 ěr huán」イヤリング
- 两（对）孪生子　2組の双子　※「孪生子 luán shēng zǐ」双子
- 三（套）西服　3着のスーツ　※「西服 xī fú」スーツ
- 四（杯）咖啡　4杯のコーヒー　※「咖啡 kā fēi」コーヒー
- 五（瓶／杯）牛奶　5本（杯）の牛乳　※「牛奶 niú nǎi」牛乳
- 六（碗）饭　6杯のご飯　※「饭 fàn」ご飯
- 七（双／副）手套　7つの手袋　※「手套 shǒu tào」手袋
- 八（双）筷子　8つの箸　※「筷子 kuài zi」箸

ミニトレーニング （　）に量詞を入れてみましょう。

❶ 3つの椅子
三（　　　）椅子

❷ 7匹の猫
七（　　　）猫

❸ 1杯のコーヒー
一（　　　）咖啡

❹ ご飯3杯
三（　　　）饭

❺ その服
那（　　　）衣服

❻ 5冊の雑誌と3冊の辞書
五（　　　）杂志 和 三本 词典

❼ この犬
这（　　　）狗

❽ 1枚の地図
一（　　　）地图

答え

①把　②只　③杯　④碗　⑤件　⑥本　⑦条　⑧张

レッスン 8

数を尋ねる疑問文

あなたは何人の妹がいますか？

このレッスンでは、さまざまな数を尋ねる疑問文について学びます。正しい量詞を使えるようになりましょう。

基本単語　まずは単語を覚えよう！

音声 28

中国語	読み方	日本の漢字にあてると	意　味
□ 长江	チャンジャン Cháng jiāng	〔長江〕	長江 名詞
□ 黄河	ホアンホ Huáng hé	〔黄河〕	黄河 名詞
□ 东京塔	ドォンジンタ Dōng jīng tǎ	〔東京塔〕	東京タワー 名詞
□ 长	チャン cháng	〔長〕	長い 形容詞
□ 宽	クアン kuān	〔寛〕	広い 形容詞
□ 高	ガオ gāo	〔高〕	高い 形容詞
□ 几	ジィ jǐ	〔幾〕	いくつ 疑問代詞
□ 书架	シュジャ shū jià	〔書架〕	書棚 名詞
□ 本	ベン běn	〔本〕	書籍を数える 量詞
□ 个	ゴォ ge	〔個〕	ものや人を数える 量詞
□ 口	コウ kǒu	〔口〕	家族・人口などの頭数を数える 量詞
□ 瓶	ピン píng	〔瓶〕	ビンに入っているものを数える 量詞
□ 台	タイ tái	〔台〕	機械などを数える 量詞

音声 29

これだけ覚える！

ルール17 中国語の「いくつ？」は「几」または「多少」

「**多少**」は０～無制限、「**几**」は 10 以下。

几＋量詞＋名詞　（10 以下の数を想定して聞く。量詞が必要）

ニ　ヨウ　ジィ　ゴォ　メイメイ
Nǐ　yǒu　jǐ　ge　mèi mei?
你　有　几　个　妹妹？
〔直訳〕あなた　ある　いくつ　個　妹
あなたは何人の妹がいますか？

ニ　ジャ　ヨウ　ジィ　コウ　レン
Nǐ　jiā　yǒu　jǐ　kǒu　rén?
你　家　有　几　口　人？
〔直訳〕あなた　家　ある　いくつ　人数　人
あなたの家は何人家族ですか？

多少＋（量詞）＋名詞　（制限のない聞き方。量詞はなくてもよい）

シュジャ　シャン　ヨウ　ドゥオシャオ　ベン　シュ
Shū jià　shang　yǒu　duō shao　(běn)　shū?
书架　上　有　多少　（本）　书？
〔直訳〕書棚　上　ある　いくつ　（冊）　本
書棚に何冊の本がありますか？

◆「**本**」は日本語の「冊」にあたる量詞です。「**多少**」は量詞がなくても名詞と接続することができます。（→**多少 书?** ）

これだけ覚える！

ルール18 多＋形容詞は「どのくらい～か」

高さ、長さ、幅などの状態を尋ねるときは、それを示す形容詞の前に「多」を置いて疑問文をつくります。主語と「多」の間に「有 yǒu」を入れることができます。

多＋长？　どのくらいの長さですか？

チャンジャン　ヨウ　ドゥオチャン
Cháng jiāng　yǒu　duō cháng?
长江 （有） 多长？

〔直訳〕 長江　どのくらいの長さ

長江はどのくらいの長さですか？

多＋宽？　どのくらいの幅ですか？

ホアンホ　ヨウ　ドゥオクアン
Huáng hé　yǒu　duō kuān?
黄河 （有） 多宽？

〔直訳〕 黄河　どのくらいの幅

黄河はどのくらいの幅ですか？

多＋高？　どのくらいの高さですか？

ドォンジンタ　ヨウ　ドゥオガオ
Dōng jīng tǎ　yǒu　duō gāo?
东京塔 （有） 多高？

〔直訳〕 東京タワー　どのくらいの高さ

東京タワーはどのくらいの高さですか？

※「**多大**」は年齢を聞くときに使います。

ミニトレーニング （　　）に中国語を入れて、文を完成させましょう。

❶北京の人口は何人ですか？ ※人口＝人口
北京有（　　　　　）人口？

❷机に何台のコンピュータがありますか？※コンピュータ＝电脑
桌子上有（　　　　　）电脑？（10 台以下と想定して）

❸レストランには何人いますか？※レストラン＝餐厅、～の中＝里
餐厅里有（　　　　　）人？（制限のない聞き方）

❹冷蔵庫の中に何本のビールがありますか？ ※冷蔵庫＝冰箱
冰箱里有（　　　　　）啤酒？（10 本以下と想定して）

❺君の財布にはいくらありますか？ ※財布＝钱包
你的钱包里有（　　　　　）？（制限のない聞き方）

❻富士山はどのくらいの高さですか？
富士山有（　　　　　）？

❼その道はどのくらいの幅ですか？ ※道＝马路
那条马路有（　　　　　）？

❽北上川はどのくらいの長さですか？
北上川有（　　　　　）？

答え

①多少　②几台　③多少　④几瓶
⑤多少 钱　⑥多高　⑦多宽　⑧多长

レッスン 9

名詞が述語になる文

今日は9月6日です。

日本語では述語となるのは動詞や形容詞などの品詞ですが、中国語の場合、名詞を述語にすることができます。つまり、動詞のない文が成立し、おもに、日時・曜日・天候・出身・年齢や数字などについていうときに使います。ただし、否定文の場合は動詞「**是**」を使い、「**不是**」となります。

基本単語 まずは単語を覚えよう！ 音声30

中国語	読み方	日本の漢字にあてると	意味
□ 今天	ジンティエン jīn tiān	〔今天〕	今日 名詞
□ 明天	ミンティエン míng tiān	〔明天〕	明日 名詞
□ 后天	ホウティエン hòu tiān	〔後天〕	あさって 名詞
□ 昨天	ズオティエン zuó tiān	〔昨天〕	昨日 名詞
□ 前天	チィエンティエン qián tiān	〔前天〕	おととい 名詞
□ 今年	ジンニエン jīn nián	〔今年〕	今年 名詞
□ 明年	ミンニエン míng nián	〔明年〕	来年 名詞
□ 去年	チュイニエン qù nián	〔去年〕	昨年 名詞
□ 上午	シャンウゥ shàng wǔ	〔上午〕	午前 名詞
□ 中午	ジョオンウゥ zhōng wǔ	〔中午〕	正午 名詞
□ 下午	シャウゥ xià wǔ	〔下午〕	午後 名詞
□ 早上	ザァオシャン zǎo shang	〔早上〕	朝 名詞
□ 晚上	ワンシャン wǎn shang	〔晩上〕	晩 名詞
□ 月	ユエ yuè	〔月〕	月 名詞
□ 号	ハオ hào	〔号〕	日 名詞
□ 星期	シンチィ xīng qī	〔星期〕	曜日 名詞
□ 礼拜	リバイ lǐ bài	〔礼拝〕	曜日 名詞

ルール19 時間・出身・年齢・数字を言うとき、動詞「是」は不要

「今は何時です」「私はどこ出身です」などの文をつくるとき、「です」にあたる「是」が不要で、名詞が述語となります。

日時

ジンティエン　ジィ　ユエ　ジィ　ハオ　ジンティエン　ジュウ　ユエ　リィウ　ハオ
Jīn tiān　jǐ　yuè　jǐ　hào?　Jīn tiān　jiǔ　yuè　liù　hào.

今天 ~~是~~ 几 月 几 号？ 今天 ~~是~~ 九月 六号。

〔直訳〕今日　いくつ　月　いくつ　日　今日　9月　6日

今日は何月何日ですか？　今日は9月6日です。

出身

シャオスン　シャンハイレン　マ　シャオスン　ブゥシ　シャンハイレン
Xiǎo Sūn　Shàng hǎi rén　ma?　Xiǎo Sūn　bú shì　Shàng hǎi rén.

小孙 是 上海人 吗？ 小孙 不是 上海人。

〔直訳〕孫さん　上海人　か　孫さん　でない　上海人

孫さんは上海出身ですか？ 孫さんは上海出身ではありません。

※否定文にするとき「**不是**」を使います。

年齢・数字

ニ　ドゥオダ　ウォ　アルシス　スェイ
Nǐ　duō dà?　Wǒ　èr shi sì　suì.

你 ~~是~~ 多大？ 我 ~~是~~ 二十四 岁。

〔直訳〕あなた　いくつ　私　24　歳

あなたは何歳ですか？　24歳です。

> **ワンポイントアドバイス**
> 「多大」という中国語は「何歳」と年齢を聞く表現です。「多少」は数を「いくつ」と聞く表現です。

ジョ　ゴォ　ドゥオシャオ　チィエン　サン　クァイチィエン
Zhè　ge　duō shao　qián?　Sān　kuài qián.

这 个 ~~是~~ 多少 钱？ 三 块钱。

〔直訳〕これ　個　いくつ　お金　三　元

これはいくらですか？　三元です。

これだけ覚える！

ルール20 曜日も数字で表す

十までの言い方

中国語の数字は漢数字で表します。漢数字で十までの中国語の発音を覚えれば、九十九まで表すことができます。百以降の数字についてはレッスン 10 で学びます。

リン	イ	アル	サン	ス	ウゥ	リィウ	チィ	バ	ジュウ	シ
líng	yī	èr	sān	sì	wǔ	liù	qī	bā	jiǔ	shí
零（〇）、	一、	二、	三、	四、	五、	六、	七、	八、	九、	十

曜日の言い方

中国語の曜日は下の表のように月曜日から数字で表します。日曜日には**星期天**、**礼拜天**という言い方もあります。

月	火	水	木	金	土	日
星期一	星期二	星期三	星期四	星期五	星期六	星期日（星期天）
礼拜一	礼拜二	礼拜三	礼拜四	礼拜五	礼拜六	礼拜日（礼拜天）

年月日の言い方

西暦の読み方は、日本語と違い、数字をひとつひとつ読みます。日本語で日にちは「日」ですが、中国語の話し言葉では「号」を用います。

アル リンリン リィウ ニエン	シ アル ユエ	アル シ チィ ハオ
èr líng líng liù nián	shí èr yuè	èr shi qī hào
二零零六年	十二月	二十七号
2006 年	12月	27日

ミニトレーニング 次の日本語を中国語に直しましょう。

❶今日は９月23日です。

(　　　　　　　　　　　　　　　　　　　　　　　　　　　　　　)

❷おとといは水曜日でした。

(　　　　　　　　　　　　　　　　　　　　　　　　　　　　　　)

❸来年は2005年ではありません。

(　　　　　　　　　　　　　　　　　　　　　　　　　　　　　　)

❹あなたはおいくつですか？　28歳です。

(　　　　　　　　　　　　　　　　　　　　　　　　　　　　　　)

❺王さんは北京出身です。

(　　　　　　　　　　　　　　　　　　　　　　　　　　　　　　)

❻あさっては５月31日金曜日です。

(　　　　　　　　　　　　　　　　　　　　　　　　　　　　　　)

答え

①今天 九月 二十三号。　②前天 星期三。　③明年 不 是 二零零五年。
④你 多大?　我 二十八岁。　⑤小王 北京人。　⑥后天 五月 三十一号 星期五。

レッスン 10

時間量と時刻、お金

2時15分です。

このレッスンでは、何時間や何分といった時間量や時刻、お金や距離の表し方について学びます。

基本単語 まずは単語を覚えよう！

音声 32

中国語	読み方	日本の漢字にあてると	単語
□ 小时	シャオシ xiǎo shí	〔小時〕	～時間 名詞
□ 天	ティエン tiān	〔天〕	～日間 名詞
□ 点	ディエン diǎn	〔点〕	～時 量詞
□ 刻	コォ kè	〔刻〕	15分 量詞 ※一刻（15分）、三刻（45分）のみ用いる。
□ 半	バン bàn	〔半〕	30分 数詞
□ 分	フェン fēn	〔分〕	～分 名詞
□ 秒	ミャオ miǎo	〔秒〕	～秒 名詞
□ 块	クァイ kuài	〔塊〕	～元 名詞 ※人民元
□ 毛	マオ máo	〔毛〕	～角 名詞 ※元の10分の1
□ 分	フェン fēn	〔分〕	～分 名詞 ※角の10分の1
□ 两	リャン liǎng	〔両〕	2つ 数詞
□ 百	バイ bǎi	〔百〕	百 数詞
□ 公里	ゴォンリ gōng lǐ	〔公里〕	キロ 単位
□ 平方米	ピンファンミ píng fāng mǐ	〔平方米〕	平方メートル 単位

これだけ覚える！

音声 33

ルール21 「号」は日付、「天」は日数

日時

シィエンザァイ ジィディエン リャンディエンイコォ
Xiàn zài jǐ diǎn? Liǎng diǎn yí kè.
现在 几点？ 两点一刻。
〔直訳〕 今 何時 2時15分
今何時ですか？ 2時15分です。

ワンポイントアドバイス
3時は三点、12時は十二点ですが、2時だけ特別に「两点」といいます。

ジンティエン アルシ ジィ ハオ アルシアルハオ
Jīn tiān èr shi jǐ hào? Èr shi èr hào.
今天 二十 几 号？ 二十二号。
〔直訳〕 今日 20 いくつ 日 22日
今日は20何日ですか？ 22日です。

時間量

ウォ シュエシィ ロ スゴォシャオシ
Wǒ xué xí le sì ge xiǎo shí.
我 学习 了 四个小时。
〔直訳〕 私 勉強する した 4時間
私は4時間勉強した。

ワンポイントアドバイス
何時間という時間量を表現する場合、数詞の後に量詞の「个」をつけます。
数詞＋量詞(个)＋単位
一 个 小时

ワンラオシ ザァイ ダシュエ ジャオ ロ シティエン
Wáng lǎo shī zài dà xué jiāo le shí tiān.
王老师 在 大学 教 了 十天。
〔直訳〕 王先生 ～で 大学 教える した 10日間
王先生は10日間大学で教えた。

これだけ覚える！

ルール22 中国語の「101」は「一百零一」

中国語は漢数字で数字を言い表します。日本語と使い方が少し異なる点がありますので相違点をまとめます。

中国語の数字の書き方

数字	日本語の漢数字	中国語	読み方
101	百一	一百零一❶❷	yì bǎi líng yī
110	百十	一百一❸	yì bǎi yī
1001	千一	一千零一❹	yì qiān líng yī
1010	千十	一千零一十❺	yì qiān líng yī shí
1100	千百	一千一❸	yì qiān yī

❶ 3桁以上で、数字の間に0がある場合は、必ず「**零**」という漢字を入れる。
❷ 中国語で「100」「1000」は、必ず「**一百**」「**一千**」などと、「**一**」をつける。
❸ 3桁以上の数字で、ある桁から後ろが零の場合は、その位の数字だけを読んで以下を省略する。例）320は「三百二」　2450は「两千四百五」
❹ 4桁以上で、数字の間に0が2つ以上続けて入る場合、「**零**」は1つだけでよい。
❺ 3桁以上の数字で十の位が「1」のとき、「**一十**」と表す。

两と二の使い分け

中国語の2には「**两**」と「**二**」の2つがあります。それぞれ次のような用法の違いがあります。

●**二**だけを用いる ➡「1、2、3…」と数えるときや数学で使うとき
●**两**だけを用いる ➡ 次の3つの場合
　①量詞の前　**两个小时**（2時間）、**两个学生**（2人の学生）　など
　②外来の単位の前　**两公里**（2㎞）、**两平方米**（2㎡）
　③2時　**两点**（2：00）
●**二**、**两**どちらも用いる ➡200は「**二百**」「**两百**」のどちらで書いても大丈夫（2000、20000も同様）

ミニ トレーニング **(　　)に中国語を入れて、文を完成させましょう。**

❶今 2 時 30 分です。

现在（　　　　　　）三十分。

❷彼は毎日 2 時間勉強します。

他每天学习（　　　　　　）。

❸私の家から大学まで 5 ㎞あります。

我家离大学有（　　　　　　）。

❹これはいくらですか？　110 元です。

这个多少钱？（　　　　　　　　）。

❺あなたは何歳ですか？　101 歳です。

您多大岁数？　我（　　　　　　　　）。

❻教室に 2 人の学生がいます。

教室里有（　　　　　　　　）。

答え

①两点	②两个 小时	③五公里
④一百一 块钱（一百一）	⑤一百零一 岁	⑥两个 学生

会話を聞いて復習！②

音声 34

レッスン6からレッスン10までで学習した文法事項を含む会話文を聞いて、80ページ Ⅰ ～ Ⅲ の問題に答えましょう。

鈴木

我（　①　）明信片。
絵はがきをください。

服务员

㋐要几张？
（　㋐　）

要六张。那（　②　）枝铅笔一共多少钱？
6枚ください。
それからその2本の鉛筆は全部でいくらですか？

五（　③　）钱。
5元です。

好贵呀。㋑便宜一点儿。
とても高いね。（　㋑　）

你喜欢的话，
㋒那五枝铅笔一共十块钱，行吗？
あなたが気に入ったなら、（　　㋒　　）

㋓行。我要这些。现在（④）点了？
（　㋓　）これらをください。
今何時になりましたか？

（⑤）五分六点。
6時5分前ですよ。

哎呀，时间不早了。
㋔我要走了。再见啊。
あれ、遅くなった。（　　㋔　　）さようなら。

新出単語

明信片〔míng xìn piàn ミンシンピエン〕絵はがき 名詞

服务员〔fú wù yuán フウウゥユアン〕店員 名詞

张〔zhāng ジャン〕〜枚 量詞

铅笔〔qiān bǐ チィエンビ〕鉛筆 名詞

一共〔yí gòng イゴォン〕全部で 副詞

〜的话〔de huà ドホァ〕〜なら

走〔zǒu ゾォウ〕行く 動詞

时间不早〔shí jiān bù zǎo シジィエンブゥザァオ〕遅い 成語

問題　78、79ページの会話を聞いて、次の質問に答えましょう。

Ⅰ（①）から（⑤）に入る語を漢字1字で書きましょう。

①	②	③	④	⑤

Ⅱ 下線部㋐から㋔までを日本語に訳しましょう。

㋐

㋑

㋒

㋓

㋔

Ⅲ 次のAからDまでの日本語を中国語で書きましょう。

A　5時5分前

B　この5枚の絵はがきをください。

C　今何時ですか？

D　少し安くならない？

答え

I

①要　②两　③块　④儿　⑤差

II

㋐　何枚いりますか？　　㋑　もう少し安くならない？
㋒　その5本の鉛筆を全部で10元でどうですか？
㋓　いいですよ。　　㋔　私は行かなくては。

III

A　差五分五点　　B　我要这五张明信片。
C　现在几点？　　D　便宜一点儿。

ワンポイントアドバイス

中国語は一音に対してひとつの意味が鉄則です。2つの発音がある漢字は2通りの意味をもちます。
例えば「乐（楽）」は、「yuè」と読むとミュージックの意味（「音乐 yīn yuè（音楽）」）ですが、「lè」と読むと「楽しい」という意味（「快乐 kuài lè（快楽）」）になります。次の漢字も2通りの読み方があるものです。

长	zhǎng	年長である・長	例「长大（成長する）」「校长（学長・校長）」
	cháng	長い	例「长江（長江）」「长短（長さ）」
重	chóng	重なる	例「重复（重複する）」「重新（ふたたび）」
	zhòng	重い・重要である	例「重要（重要）」「重点（重点）」

• コラム •

中国人の数字偏愛

中国人は、親しくなるとすぐに「あなたの給料はいくら？」のような質問をしてきます。日本的な感覚からするとあまりに唐突で露骨すぎる質問ですが、中国で生活をしてみると、中国社会そのものが数字に取り囲まれた世界であることがわかります。

中国人はみな身分証を携帯していて、個人番号を持っています。北京を網の目のように走るバスはすべて３桁か２桁の数字で表します。市場に買い物に行けば、すべてが500ｇ単位（１斤＝500ｇ）の量り売りです。中国語での数字表現は、最初にマスターすべきコミュニケーション手段といえます。

数字に執着する中国語では、数字でいろいろなことが表現されています。「六 liù」は「流 liú」と同音のため順調に流れることを、「四 sì」は日本と同じく「死 sǐ」を、それぞれ意味します。「八 bā」は「発達する」で、十進法の究極の数「九 jiǔ」は聖数、「二百五 èr bǎi wǔ（250）」は「（脳が足りない）ばか」を意味します。また、地方によっては「二 èr」も人を罵倒する表現になります。「你是二子 Nǐ shì èr zi（おまえは２）」は相手をけなす、とても失礼な言い方になってしまうので注意が必要です。ただ、対（ペア）をこよなく愛する中国人は偶数が大好きで、結婚式は偶数の日に挙げるのを吉としています。

中国は古来、誇張表現が多い国とよく指摘されますが、その誇張の仕方に、より中国的な国民性が表れています。例えば「白发三千丈（白髪三千丈）」「春宵一刻值千金　（春宵一刻値千金）」「千里迢迢　（はるか遠く）」など、極端なものをたとえるときに数字を持ち出して表現する言葉は、枚挙にいとまがありません。

中国人は「現実主義である」とよくいわれますが、数字で物事を表そうとする発想にもその一端が表れています。世界で活躍する華僑の商売のうまさは、こうした中国人の数字偏愛に由来するのかもしれません。

PART 3

文法トレーニング

ステップ2

ステップ２では、まず、「ある·いる」という存在を表す表現、英語の前置詞にあたる「介詞」などについて学びます。また、動詞の活用形や格変化がない中国語には、時制の表し方に特徴があります。ここでは、時間表現についても学びます。さらにニュアンスを表す語尾表現についても説明します。

レッスン 11

存在の言い方―「有」の表現

机に中国語の辞書があります。

「～に～がある」のように、ある場所にあるものが存在することを表すには、動詞の「**有**」を使います。この「**有**」の前には必ず場所を示す語がきます。

基本単語　まずは単語を覚えよう！

音声 35

中国語	読み方	日本の漢字にあてると	意　味
□ 有	ヨウ yǒu	〔有〕	ある・持つ 動詞
□ 没有	メイヨウ méi yǒu	〔没有〕	ない・持っていない 動詞
□ 上	シャン shang	〔上〕	～の上・面 方向詞
□ 里	リ li	〔裏〕	～の中 方向詞
□ 桌子	ジュオズ zhuō zi	〔卓子〕	机 名詞
□ 词典	ツディエン cí diǎn	〔詞典〕	辞書 名詞
□ 课本	コォベン kè běn	〔課本〕	教科書 名詞
□ 书架	シュジャ shū jià	〔書架〕	本棚 名詞
□ 房间	ファンジィエン fáng jiān	〔房間〕	部屋 名詞
□ 汽车	チィチョ qì chē	〔汽車〕	自動車 名詞
□ 自行车	ズシンチョ zì xíng chē	〔自行車〕	自転車 名詞

これだけ覚える！

音声 36

ルール23 机が中国語の辞書を持っています。「場所＋有＋存在するもの」

◆「机の上」に本があることを言いたいとき、「机」を主語の位置に置き、文をつくります（→ルール 24 参照）。

ジュオズ　シャン　ヨウ　ハンユィ　ツディエン
Zhuō zi shang yǒu Hàn yǔ cí diǎn.
桌子 上 有 汉语 词典。
〔直訳〕机　上　持つ　中国語　辞書
机に中国語の辞書があります。

◆「人＋有＋所有物」というように、主語が人になると、「**有**」は所有を示し、「持つ」という意味になります。

ウォ　ヨウ　チィチョ
Wǒ yǒu qì chē.
我 有 汽车。 私は自動車を持っています。
〔直訳〕私　持つ　自動車

◆ 否定文

所有を示す「**有**」も存在を示す「**有**」も、否定形では「**不**」を使うことができず、「**没**」を用います。

ウォ　メイ　ヨウ　チィチョ
Wǒ méi yǒu qì chē.
我 没 有 汽车。 私は自動車を持っていません。
〔直訳〕私は　ない　持つ　自動車

◆ 疑問文

文末に「**吗**」をつけるか、反復疑問文にします。上の例文の疑問文を、それぞれ 3 つの方法でつくってみます。

你有汽车吗？ 你有没有汽车？ 你有汽车没有？

あなたは自動車を持っていますか？

これだけ覚える！

ルール24 名詞を場所にしてしまう「里」と「上」

「場所＋**有**＋存在するもの」の構文で、場所の部分に名詞を置く場合、その名詞が場所を示すようにしなくてはなりません。そのためには、次の方法があります。

◆ 名詞＋里

ファンジィエン	リ	ヨウ	ジュオズ	
Fáng jiān	li	yǒu	zhuō zi.	
房间	里	有	桌子	。
部屋	～の中	持つ	机	

〔直訳〕部屋 ～の中 持つ 机

部屋に机があります。

ワンポイントアドバイス
「空間」として場所を表現する場合は、「～の中」の意味合いが強い「里 li」を使います。

◆ 名詞＋上

シュジャ	シャン	ヨウ	ツディエン	
Shū jià	shang	yǒu	cí diǎn.	
书架	上	有	词典	。
本棚	～の上	持つ	辞書	

〔直訳〕本棚 ～の上 持つ 辞書

本棚に辞書があります。

ワンポイントアドバイス
「面」として場所を表現する場合は、「～の上」の意味合いをもつ「上 shang」を使います。

ミニ トレーニング （　）内に中国語を入れて文を完成させましょう。

❶机に教科書があります。

桌子（　　　　　　）课本 。

❷部屋に椅子がありません。

房间（　　　　　　）椅子 。

❸私は自転車を持っていません。

我（　　　　　　）自行车 。

❹ここに机がありますか？

（　　　　　　）桌子（　　　　）？

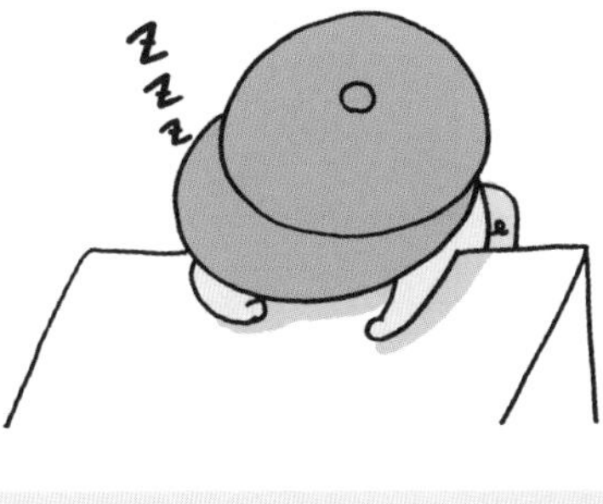

答え

①上 有　②里 没有　③没有
④这儿 有　吗

レッスン 12

存在の言い方ー「在」の表現

中国語の辞書は机の上にあります。

「(人・もの) は (場所) にある」と言うには、動詞の「**在**」を使います。存在を表す「**在**」の後ろには必ず場所を示す語がきます。

基本単語 まずは単語を覚えよう！ 音声37

中国語	読み方	日本の漢字にあてると	意味
□ 在	ザァイ zài	〔在〕	ある・いる 動詞
□ 工作	ゴォンズオ gōng zuò	〔工作〕	仕事する 動詞
□ 公园	ゴォンユアン gōng yuán	〔公園〕	公園 名詞
□ 哪里	ナリ nǎ li	〔−〕	どこ 疑問代詞
□ 哪儿	ナル nǎr	〔−〕	どこ 疑問代詞
□ 大学	ダシュエ dà xué	〔大学〕	大学 名詞
□ 书包	シュバオ shū bāo	〔書包〕	かばん 名詞
□ 口袋	コウダイ kǒu dai	〔口袋〕	ポケット 名詞
□ 邮局	ヨウジュイ yóu jú	〔郵局〕	郵便局 名詞
□ 床	チュアン chuáng	〔床〕	ベッド 名詞
□ 干	ガン gàn	〔幹〕	(仕事を) する 動詞
□ 休息	シュウシィ xiū xi	〔休息〕	休む 動詞
□ 晚饭	ワンファン wǎn fàn	〔晩飯〕	晩ご飯 名詞

これだけ覚える！　音声38

ルール25 中国語の教科書は机の上にあります。「存在するもの＋在＋場所」

「中国語の辞書」がどこかにあることを言いたいとき、そのものを主語にして文をつくります。

ハンユィ　ツディエン　ザァイ　ジュオズシャン
Hàn yǔ　cí diǎn　zài　zhuō zi shang.

汉语 词典 在 桌子上。

〔直訳〕中国語　辞書　ある　机上

中国語の辞書は机の上にあります。

◆これは、レッスン11のように「**有**」を使った例文に書き換えができます。それぞれ目的語と主語が入れ替わっていることに注意しましょう。

桌子上 有 汉语 词典。

〔直訳〕机上　持つ　中国語　辞書

◆「**在**」には存在を表す動詞のほか、場所を示す介詞の用法もあります。

在＋目的語＋V動詞　～でVする

ウォ　ザァイ　ベイジン　ゴォンズオ
Wǒ　zài　Běi jīng　gōng zuò.

我 在 北京 工作。私は北京で仕事をしています。

（目的語）（V）

〔直訳〕私　～で　北京　仕事する

◆ **否定文**

介詞「**在**」の表現の否定文は、「**在**」の前に「**不**」をつけます。この構文では、動詞の前に「**不**」を置かないので注意。

ウォ　ブゥ　ザァイ　ベイジン　ゴォンズォ
Wǒ　bú　zài　Běi jīng　gōng zuò.

我 不 在 北京 工作。私は北京で仕事をしていません。

〔直訳〕私　ない　～で　北京　仕事する

これだけ覚える！

ルール26 3つの「在」—動詞、介詞、副詞

この本では、「**在**」の用法を３つ学びます。ここで、その用法をまとめておきましょう。

◆ **動詞** **単独で用いて「いる・ある」という意味を示します。**

タ ザァイ ナリ
Tā zài nǎ li?
她 在 哪里？
〔直訳〕彼女 いる どこ
彼女はどこにいますか？

タ ザァイ ゴォンユアン
Tā zài gōng yuán.
她 在 公园。
〔直訳〕彼女 いる 公園
公園です。

◆ **介詞** **場所を示す目的語の前に置いて、「～で」という意味を示します。**

ニ ザァイ ナㇽ ゴォンズオ
Nǐ zài nǎr gōng zuò?
你 在 哪儿 工作？
〔直訳〕あなた で どこ 仕事する
あなたはどこで仕事をしていますか？

ウォ ザァイ ダシュエ ゴォンズオ
Wǒ zài dà xué gōng zuò.
我 在 大学 工作。
〔直訳〕私 で 大学 仕事する
私は大学で仕事をしています。

◆ **副詞** **動詞の前に置いて進行形を表します（p.113）。**

ニ ザァイ ガン シェンモ
Nǐ zài gàn shén me?
你 在 干 什么？
〔直訳〕あなた している する 何
何していますか？

ウォ ザァイ チ ワンファン ノ
Wǒ zài chī wǎn fàn ne.
我 在 吃 晚饭 呢。
〔直訳〕私 している 食べる 晩ご飯 よ
晩ご飯を食べているところです。

ミニ トレーニング 下の語群より漢字を選び、中国語を完成させましょう（語群の漢字は何度使ってもよい）。

❶かばんは家にあります。

书包（　　）家（　　）。

❷お金はポケットの中にありません。

钱（　　）（　　）口袋（　　）。

❸ベッドで休みますか？

你（　　）（　　）（　　）休息（　　）？

❹あなたは郵便局で働いていますか？

你（　　）（　　）工作（　　）？

語群

有　不　在　上　里　床　邮局　吗

答え

①书包（在）家（里）。　②钱（不）（在）口袋（里）。

③你（在）（床）（上）休息（吗）？　④你（在）（邮局）工作（吗）？

レッスン 13

中国語の前置詞―介詞

私は日本から来ました。

中国語には、日本語の助詞に相当する語がありません。しかし、英語の前置詞（from, in, to）などのような働きをする「介詞」という品詞があります。介詞はすぐ後ろに目的語を伴って、介詞フレーズをつくります。

基本単語　まずは単語を覚えよう！

音声39

中国語	読み方	日本の漢字にあてると	意味
□ 从	ツォン cóng	〔従〕	～から 介詞 ＊出発点、開始時間を表す。
□ 离	リ lí	〔離〕	～から 介詞 ＊距離や時間の隔たりを表す。
□ 到	ダオ dào	〔到〕	～まで 介詞
□ 给	ゲイ gěi	〔給〕	～に 介詞
□ 跟	ゲン gēn	〔―〕	～と 介詞
□ 工厂	ゴォンチャン gōng chǎng	〔工―〕	工場 名詞
□ 车站	チョジャン chē zhàn	〔車―〕	駅 名詞
□ 走	ゾォウ zǒu	〔走〕	行く 動詞
□ 近	ジン jìn	〔近〕	近い 形容詞
□ 远	ユアン yuǎn	〔遠〕	遠い 形容詞
□ 打	ダ dǎ	〔打〕	かける 動詞 ＊多義語
□ 电话	ディエンホァ diàn huà	〔電話〕	電話 名詞
□ 相识	シャンシ xiāng shí	〔相識〕	知り合う 動詞

これだけ覚える！

音声 40

ルール27 2つの「～から」—「从」と「离」

日本語では「から」の１語で事足りますが、中国語にはニュアンスの違いにより、「**从**」と「**离**」の２つの「～から」の表現があります。これらは直後に場所を示す目的語を伴って、介詞フレーズをつくり、動詞の前に置かれます。

从＋（場所）＋V（動詞） （場所）からVする

ウォ	ツォン	ルィベン	ライ	ド
Wǒ	cóng	Rì běn	lái	de.
我	从	日本	来	的。
私	から	日本	来る	した

（从 日本：介詞フレーズ）

〔直訳〕私 から 日本 来る した

私は日本から来ました。

◆「**从**」は、出発点、開始時間を示します。そのため、後ろには「（駅から）歩く」など、動作を表す動詞がくることが多いです。

◆「**从～到…**」（～から…まで）のように、「**到**」とペアでよく使われます。

ツォン	ウォ	ジャ	ダオ	チョジャン	ゼンモ	ゾォウ
Cóng	wǒ	jiā	dào	chē zhàn	zěn me	zǒu?
从	我	家	到	车站	怎么	走？
から	私	家	まで	駅	どのように	行く

〔直訳〕から 私 家 まで 駅 どのように 行く

私の家から駅までどうやって行くのですか？

离＋（場所）＋V（動詞・形容詞） （場所）からVである

タ	ジャ	リ	ゴォンチャン	ジン	ブゥ	ジン
Tā	jiā	lí	gōng chǎng	jìn	bu	jìn?
他	家	离	工厂	近	不	近？
彼	家	から	工場	近い	ない	近い

〔直訳〕彼 家 から 工場 近い ない 近い

彼の家は工場から近いですか？

> **ワンポイントアドバイス**
> 時間の隔たりを表す場合の「离」は「～まで」と訳します。
> 离 出发＝出発まで

◆「**离**」は距離・時間の隔たりを示します。そのため、後ろには「**远**（遠い）」、「**近**（近い）」という状態を示す形容詞がくることが多いです。

これだけ覚える！

ルール28 2通りある介詞フレーズの否定

介詞フレーズの否定は、後ろにくる述語の性質により、否定を示す「**不**」の位置が異なります。「**跟**（～と）」と「**给**（～に）」という介詞を例に、介詞フレーズの否定と疑問表現の語順を学びましょう。

【述語が動作を表す場合①】

不＋介詞＋O（名詞）＋述語（動作を表す動詞など）

	ウォ	ブゥ	ゲイ	ニ	ダ	ディエンホァ
	Wǒ	bù	gěi	nǐ	dǎ	diàn huà.
	我	不	给	你	打	电话。
〔直訳〕	私	ない	～に	あなた	かける	電話

私はあなたに電話をかけません。
（「彼にはするけれど」というニュアンスを表す）

【述語が動作を表す場合②】

介詞＋O（名詞）＋不＋述語（状態を表す形容詞など）

	ニ	ゲン	タ	ブゥ	シャンシ
	Nǐ	gēn	tā	bù	xiāng shí.
	你	跟	她	不	相识。
〔直訳〕	あなた	と	彼女	ない	知り合う

あなたは彼女を知りません。

> **ワンポイントアドバイス**
> おもに形容詞が述語になります。「严格（厳しい）」「远（遠い）」「近（近い）」など。

◆動作を表す述語の場合でも、 述語の直前に「**不**」を置くこともありますが、ニュアンスが違います。

	ウォ	ゲイ	ニ	ブゥ	ダ	ディエンホァ
	Wǒ	gěi	nǐ	bù	dǎ	diàn huà.
	我	给	你	不	打	电话。
〔直訳〕	私	～に	あなた	ない	かける	電話

私はあなたに電話はかけません。
（「手紙は書くけれど」というニュアンスを表す）

つまり、「**不**」がどの部分を否定するのかが違ってくるのです。

ミニトレーニング　**（　）内に漢字1字を入れて、文を完成させましょう。**

❶駅はあなたの家から近いですか？
车站（　　）你家近吗？

❷彼は中国から来ました。
他（　　）中国来了。

❸あなたは私に手紙をくれません。　※写信＝手紙を書く
你不（　　）我写信。

❹私の学校は駅から遠くない。
我的学校（　　）车站不远。

❺私の家は大学から近くない。
我家（　　）大学（　　）近。

❻李さんは私を知りません。
小李（　　）我（　　）相识。

❼私はあなたに電話はかけません。（手紙を書いたから）
我给你（　　）打电话。

答え

①离　②从　③给　④离　⑤离／不　⑥跟／不　⑦不

レッスン 14

「的（～の）」の使い方

彼は李さんのお兄さんです。

日本語で名詞を修飾するときは、修飾する語の形を変化させて名詞につなげますが、語形の変化がない中国語は、「**的**」を使ってつなげます。

基本単語 まずは単語を覚えよう！ 音声41

中国語	読み方	日本の漢字にあてると	意味
□随身听	スェイシェンティン suí shēn tīng	〔随身聴〕	ヘッドフォンステレオ 名詞
□小～	シャオ xiǎo	〔小～〕	～さん 接頭詞 ※目上の人には使わない
□丈夫	ジャンフゥ zhàng fu	〔丈夫〕	夫・主人 名詞
□夫人	フゥレン fū rén	〔夫人〕	奥さん 名詞
□公司	ゴォンス gōng sī	〔公司〕	会社 名詞
□单位	ダンウェイ dān wèi	〔単位〕	職場 名詞
□有价值	ヨウジャジ yǒu jià zhí	〔有価値〕	価値がある 動詞
□照相机	ジャオシャンジィ zhào xiàng jī	〔照相機〕	カメラ 名詞
□卖	マイ mài	〔売〕	売る 動詞
□地图	ディトゥ dì tú	〔地図〕	地図 名詞
□旧	ジュウ jiù	〔旧〕	古い 形容詞

これだけ覚える！

音声42

ルール29 名詞と名詞を結ぶ「的」

「～の･･･」と言うとき、日本語の「の」にあたるのが「**的** de」です。

名詞＋的＋名詞 **～の名詞**

タ　シ　シャオ リ　ド　ゴォゴォ
Tā shì xiǎo Lǐ de gē ge.
他 是 小李 的 哥哥。
〔直訳〕彼 である 李さん の お兄さん
彼は李さんのお兄さんです。

代名詞＋的＋名詞 **私（あなた・彼・彼女）の名詞**

ジョ　シ　ウォ　ド　スェイシェンティン
Zhè shì wǒ de suí shēn tīng.
这 是 我 的 随身听。
〔直訳〕これ である 私 の ヘッドフォンステレオ
これは私のヘッドフォンステレオです。

◆「代名詞＋**的**＋名詞」の構文で、代名詞と名詞の関係が親密なときは「**的**」を省略できます。

①代名詞＋家族関係

ウォ ディディ wǒ dì di	タ メイメイ tā mèi mei	ニ フゥレン nǐ fū rén	タ ジャンフゥ tā zhàng fu
我弟弟	**她妹妹**	**你夫人**	**她丈夫**
私の弟	彼女の妹	あなたの奥さん	彼女の夫

②代名詞＋所属機関

ウォ メン ゴォンス wǒ men gōng sī	ニ メン シュエシャオ nǐ men xué xiào	タ メン ダンウェイ tā men dān wèi
我们公司	**你们学校**	**他们单位**
私たちの会社	あなたたちの学校	彼らの職場

これだけ覚える！

ルール30 形容詞・動詞と名詞も「的」で結ぶ 美しい花→美しい「の」花

日本語の感覚では、「美しい花」と言うとき、「美しい」と「花」の間に「の」を挟むのはおかしいと感じます。しかし、形容詞・動詞などの語尾が活用しない中国語では、両者の間に修飾と被修飾の関係があることを明示するために、「の」にあたる「**的**」を入れます。

形容詞＋的＋名詞

ジュウ ド ジャオシャンジィ ヨウ ジャジ
Jiù de zhào xiàng jī yǒu jià zhí.
旧 的 照相机 有 价值。
〔直訳〕古い の カメラ 価値がある
古いカメラは価値がある。

動詞＋的＋名詞

マイ ディトゥ ド レン シ ウォ
Mài dì tú de rén shì wǒ.
卖 地图 的 人 是 我。
〔直訳〕売る 地図 の 人 である 私
地図を売っている人は私です。

※中国語では、「**卖包子的**」（肉まんを売っている「の」〈肉まん売り〉)、「**卖书的**」（本を売っている「の」〈本屋さん〉)、「**开车的**」（運転している「の」〈運転手〉）などは職業を表す言い方となりますが、これを本人に対して使うのは失礼にあたります。呼びかけるときは、「**师傅** shī fu シフゥ（特殊技能を持つ人への尊称)」と呼ぶようにしましょう。また、道を尋ねるとき、相手が男性なら「**师傅**」と呼びかけてもかまいません。

ミニトレーニング 下の語群から単語を選び、(　　)の中に入れて、文を完成させましょう。

❶彼女の弟は私の主人です。
她 弟弟 是(　　　)的(　　　)。

❷私は新しいカメラを買います。 ※新しい＝新、買う＝买
我 买 新(　　　)照相机 。

❸彼は忙しい人です。 ※忙しい＝忙
他 是 很 忙 (　　　)人 。

❹市場で卵を売っている人は私のお母さんです。※卵＝鸡蛋
在 市场 卖(　　　)的 人 是 我 (　　　)。

❺私のお父さんは大学で英語を教えている先生です。
我 爸爸(　　　)在 大学 教 英语 的 老师 。

❻彼のお姉さんは工場でカメラをつくっている労働者です。
※工場＝工厂、つくる＝做、労働者＝工人
他 姐姐 是 在 工厂 做(　　　)的 工人 。

語 群

丈夫　妈妈　的　我　鸡蛋　是　照相机

答え

①她 弟弟 是 (我) 的 (丈夫)。　②我 买 新 (的) 照相机。
③他 是 很 忙 (的) 人。　④在 市场 卖 (鸡蛋) 的 人 是 我 (妈妈)。
⑤我 爸爸 (是) 在 大学 教 英语 的 老师。⑥他 姐姐 是 在 工厂 做 (照相机) 的 工人。

レッスン 15

形容詞が述語になる文

今日は暑いです。

中国語は、日本語と同じように形容詞をそのまま述語として使うことができます。これを「形容詞述語文」といいます。しかし、性質を示す形容詞の場合、形容詞だけでは述語として使うことができません。このレッスンでは、形容詞が述語になるときのルールについてまとめます。

基本単語 まずは単語を覚えよう！

音声 43

中国語	読み方	日本の漢字にあてると	意味
□ 热	ルォ rè	〔熱〕	暑い 形容詞
□ 冷	ロン lěng	〔冷〕	寒い 形容詞
□ 凉快	リャンクァイ liáng kuai	〔涼快〕	涼しい 形容詞
□ 暖和	ヌアンフオ nuǎn huo	〔暖和〕	暖かい 形容詞
□ 夏天	シャティエン xià tiān	〔夏天〕	夏 名詞
□ 冬天	ドォンティエン dōng tiān	〔冬天〕	冬 名詞
□ 瘦	ショウ shòu	〔痩〕	やせている 形容詞
□ 胖	パン pàng	〔—〕	太っている 形容詞
□ 漂亮	ピャオリャン piào liang	〔漂亮〕	きれい 形容詞
□ 难看	ナンカン nán kàn	〔難看〕	醜い 形容詞
□ 房子	ファンズ fáng zi	〔房子〕	家 名詞
□ 小狗	シャオゴウ xiǎo gǒu	〔小狗〕	子犬 名詞

これだけ覚える！

音声44

ルール31 必ず必要、お飾りの「很」またはその他の副詞

主語＋很（副詞）＋形容詞

ジンティエン Jīn tiān 今天　ヘン hěn 很　ルォ rè. 热。
〔直訳〕今日（とても）暑い
今日は暑いです。

ジンティエン Jīn tiān 今天　ヨウディアル yǒu diǎnr 有点儿　ロン lěng. 冷。
〔直訳〕今日 少し 寒い
今日は少し寒いです。

◆上の文章の副詞「**很**」には「とても」という意味はありません。これは「お飾りの很」と呼ばれるものです。もし「**很**」がない場合、「今日は暑いけれど…」と文が終わらずまだ後に続くニュアンスになってしまいます。お飾りの「**很**」、またはその他の副詞を形容詞の前に置くことで、文章が終わります。

タ Tā 他　パン pàng. 胖。
〔直訳〕彼 太っている
彼は太っているけれど…

➡

タ Tā 他　ヘン hěn 很　パン pàng. 胖。
〔直訳〕彼（とても）太っている
彼は太っている。

お飾りの「**很**」を形容詞の前に置かないと、ほかとの対比、比較の意味合いが強くなり、後ろに対比、比較する内容が続きます。

タ Tā 他　パン pàng, 胖，タ tā 他　ジエジエ jiě jie 姐姐　ショウ shòu. 瘦。
〔直訳〕彼 太っている 彼 姉 やせている
彼は太っているが、姉はやせている。

これだけ覚える！

ルール32 疑問と否定に「很」は不要

肯定文の場合、形容詞を使った文には、お飾りの「**很**」か、形容詞を修飾する副詞を必ず前に置かなければなりませんでした（ルール31）。しかし疑問文、否定文の場合は「**很**」は不要です。

主語＋形容詞＋吗？

ニ ド ファンズ ダ マ
Nǐ de fáng zi dà ma?
你 的 房子 大 吗？
〔直訳〕あなた の 家 大きい か
あなたの家は大きいですか？

ニ ド ファンズ ヘン ダ マ
Nǐ de fáng zi hěn dà ma?
你 的 房子 很 大 吗？
〔直訳〕あなた の 家 とても大きい か
あなたの家はとても大きいですか？

※疑問文のとき、形容詞の前に「**很**」を残すと、この「**很**」は「とても」の意味を持ちます。

主語＋不＋形容詞

ウォ ド シャオゴウ ブゥ ナンカン
Wǒ de xiǎo gǒu bù nán kàn.
我 的 小狗 不 难看。
〔直訳〕私 の 子犬 ない 醜い
私の子犬は醜くない。

◆否定の「**不**」は、述語の前に置いて述語を修飾し、否定の意味をもたせます。そのことから、「副詞」に分類されます。したがって「**很**」は不要となります。もし「**很**」を残せば、「**不**」が「**很**」を否定するため、

「**我 的 小狗 不 很 难看。**」（私の子犬はそれほど醜くはない。）

という部分否定の意味になります（→レッスン6参照）。

ミニトレーニング

Ⅰ　次の中国語には間違いがあります。それを訂正して、正しい文にしましょう。

❶私の妹は美人です。

我 妹妹 漂亮。（　　　　　　　　　　　　　　）

❷昨日は涼しかったですか？

昨天 很 凉快 吗？（　　　　　　　　　　　　　　）

Ⅱ　下の語群の単語を使って、次の日本語を中国語に直しましょう。

❶今年の冬は暖かいけれど、去年の冬は寒かったです。

（　　　　　　　　　　　　　　）

❷あなたの家は小さくない。

（　　　　　　　　　　　　　　）

❸北京の夏は暑いです。

（　　　　　　　　　　　　　　）

語群

北京	今年	热	去年	暖和	的	冬天	不
夏天	小	大	房子	你	我	很	冷

答え

Ⅰ ①我 妹妹 很 漂亮。　②昨天 凉快 吗?

Ⅱ ①今年 的 冬天 暖和，去年 的 冬天 冷。　②你 的 房子 不 小。

③北京 的 夏天 很 热。

会話を聞いて復習！③

音声 45

レッスン 11 からレッスン 15 までで学習した文法事項を含む会話文を聞いて、
106 ページ I ～ III の問題に答えましょう。

佐藤

ⓐ中国有没有葡萄？
（　　ⓐ　　）

孙瑜

有。原来大部分日本的水果是（ ① ）中国来的。
ありますよ。もともと大部分の日本の果物は中国から来たのですよ。

那，中国（ ② ）有西瓜吗？
それでは、すいかも中国にありますか？

ⓘ西瓜也是从中国来的水果。北京大兴的西瓜挺有名的。
（　　ⓘ　　）
北京の大興のすいかはとても有名です。

你家（ ③ ）大兴远吗？
あなたの家は大興から遠いですか？

ⓤ<u>不远</u>。北京的夏天(④)热。
(ⓤ) 北京の夏はとても暑いです。

怪不得北京的西瓜很好吃。
道理で北京のすいかはおいしいのですね。

对呀。有机会，我(⑤)你一起吃北京的西瓜，好吗？
そうですよ。機会があったら、私はあなたと一緒に北京のすいかを食べましょう。いいですか？

太好了。ⓔ<u>我特别喜欢吃西瓜</u>。
とてもいいですね。(ⓔ)

新出単語

葡萄〔pú táo プゥタオ〕ぶどう 名詞

原来〔yuán lái ユアンライ〕もともと 副詞

水果〔shuǐ guǒ シュイグオ〕果物 名詞

西瓜〔xī guā シィグァ〕すいか 名詞

大兴〔Dà xīng ダシン〕大興（地名）。北京の南で、すいかの名産地として知られる。現在は、経済開放区として海外の多くの工場が進出している。

挺〔tǐng ティン〕とても 副詞

怪不得〔guài bu de グァイブゥド〕道理で 成語

好吃〔hǎo chī ハオチ〕おいしい 形容詞

机会〔jī huì ジィホゥイ〕チャンス、機会 名詞

問題　104、105ページの会話を聞いて、次の質問に答えましょう。

I　（①）から（⑤）に入る語を漢字１字で書きましょう。

①	②	③	④	⑤

II　下線部㋐から㋓までを日本語に訳しましょう。

㋐

㋑

㋒

㋓

III　次のAからDまでの日本語を中国語で書きましょう。

A　あなたは車を持っていますか？

B　彼は郵便局で仕事をしています。

C　私は彼女に電話をかけません。

D　彼女のお父さんは大学で日本語を教えている先生です。

答え

Ⅰ

①从　②也　③离　④很　⑤跟

Ⅱ

㋐　中国にぶどうはありますか？
㋑　すいかも中国から来た果物です。
㋒　遠くないです。
㋓　私はとてもすいかが好きです。

Ⅲ

A　你有没有汽车？
B　他在邮局工作。
C　我不给她打电话。
D　她爸爸是在大学教日语的老师。

レッスン 16

語尾の表現

行きましょう。

日本語は、語尾に「よ」「ね」などの終助詞を置くと微妙なニュアンスをつけ加えることができます。中国語も同じように、文末に助詞をつけて、話し手の気持ちを表します。この助詞は「語気助詞」とも呼ばれます。

基本単語　まずは単語を覚えよう！

音声 46

中国語	読み方	日本の漢字にあてると	意　味
□ 咱们	ザンメン zán men	〔—〕	私たち 名詞
□ 生活	ションフオ shēng huó	〔生活〕	生活 名詞 生活する 動詞
□ 满意	マンイ mǎn yì	〔満意〕	満足する 動詞
□ 爱	アイ ài	〔愛〕	～することを好む 動詞
□ 多~啊	ドゥオ～ア duō~a	〔多～—〕	なんと～なことか
□ 吧	バ ba	〔—〕	ください・しよう 助詞
□ 是~的	シ～ド shì~de	〔是～的〕	～なのです
□ 说话	シュオホァ shuō huà	〔説話〕	話す 動詞
□ 呢	ノ ne	〔—〕	～は？ 助詞
□ 电视	ディエンシ diàn shì	〔電視〕	テレビ 名詞
□ 真	ジェン zhēn	〔真〕	ほんとうに 副詞
□ 快	クァイ kuài	〔快〕	速い 形容詞
□ 同意	トォンイ tóng yì	〔同意〕	同意する 動詞

これだけ覚える！

音声 47

ルール33 まろやかな風味の「吧」、言い切りの「的」

文末に「**吧**」を置くと語調がやわらかくなります。「〜の」の意味で学習した「**的**」は「**是〜的**」という形で用いると強く言い切る意味をもちます。

まろやか風味の「吧」

ザンメン ゾォウ バ
Zán men zǒu ba.
咱们 走 吧。
〔直訳〕私たち 行く しよう
行きましょう。

ワンポイントアドバイス
咱们と我们はどちらも私たちですが、「私たち」のなかに聞き手も含まれるとき、咱们といいます。

チン ニ シュオ バ
Qǐng nǐ shuō ba.
请 你 说 吧。
〔直訳〕どうぞ あなた 話す ください
どうぞ話してください。

◆「**请〜吧**」の形で「どうぞ〜してください」という、とても丁寧なお願いの表現になります。

言い切りの「的」

ウォメン シ ブゥ マンイ シュエシャオ ド ションフオ ド
Wǒ men shì bù mǎn yì xué xiào de shēng huó de.
我们 是 不 满意 学校 的 生活 的。
〔直訳〕私たち である ない 満足する 学校 の 生活
私たちは学校生活に満足していないんです。

◆語気助詞の「**的**」は「**是〜的**」（〜なのです）という形で用いられ、なかに挟むものを強調する働きがあります。

これだけ覚える！

ルール34 驚きの「啊」、はしょりの疑問「呢」

驚きの「啊」

ジョオングオレン ドゥオ アイ シュオホァ ヤ
Zhōng guó rén duō ài shuō huà ya.
中国人 多 爱 说话 呀。
〔直訳〕 中国人 とても 好き 話す か

中国人は話すのがなんと好きなことか。

◆「啊 a」は「多〜啊」という形で、「なんと〜なことか」と驚く気持ちを表現するときに多く使われます。「啊」は、前にくる単語の発音によって、下表のように形を変えます。

前にくる発音 ＋ 啊	変化した形
a, e, i, o, ü ＋ a（啊）	呀 ya（上の例文は直前の語が hua なので呀に変化）
u, ao, ou ＋ a（啊）	哇 wa
n ＋ a（啊）	哪 na

はしょりの疑問形をつくる「呢」

ウォ シ ツォン シャンハイ ライ ド リィウシュエション ニ ノ
Wǒ shì cóng Shàng hǎi lái de liú xué shēng. Nǐ ne?
我 是 从 上海 来 的 留学生。你 呢？
〔直訳〕 私 である から 上海 来る の 留学生 あなた は

私は上海から来た留学生です。あなたは？

◆「呢」は、進行のアスペクト（ルール35、p.113）、持続のアスペクト（ルール41、p.122）とペアで使われることが多いです（→レッスン17、レッスン19参照）。

她 正在 唱歌 呢。(彼女は歌を歌っているところだ。)

ミニトレーニング （　　）の中に語群から漢字１字を選んで文を完成させ、その中国語を日本語に訳しましょう。

❶我看电视，你（　　　）？

訳（　　　　　　　　　　　　　　　　）

❷时间过得真快（　　　）！　※时间＝時間、过＝過ぎる

（V＋得＋形容詞で「Vするのが形容詞」という意味になる→レッスン 29 参照）

訳（　　　　　　　　　　　　　　　　）

❸明天见（　　　）。

訳（　　　　　　　　　　　　　　　　）

❹我是同意他的意见（　　　）。　※意见＝意見

訳（　　　　　　　　　　　　　　　　）

語群

的　　吧　　啊　　呢　　呀

答え

① **呢**　私はテレビを見ます、あなたは？
② **呀**　時間が過ぎるのはほんとうに速いなぁ。
③ **吧**　明日会いましょう。
④ **的**　私は彼の意見に同意するのです。

レッスン 17

中国語の時間表現

姉は歌を歌っています。

中国語には、英語などにある過去形、現在形などの時制表現（テンス）がありません。そのため、過去・現在・未来は前後の文脈、時間詞の有無などで判断します。時制がないかわりに進行中、完了したなど、動作の状態を説明する表現（アスペクト）があります。

基本単語 まずは単語を覚えよう！

音声 48

中国語	読み方	日本の漢字にあてると	意味
□ 昨天	ズオティエン zuó tiān	〔昨天〕	昨日 名詞
□ 今天	ジンティエン jīn tiān	〔今天〕	今日 名詞
□ 明天	ミンティエン míng tiān	〔明天〕	明日 名詞
□ 姐姐	ジエジエ jiě jie	〔姐姐〕	姉 名詞
□ 正在	ジョンザァイ zhèng zài	〔正在〕	～している 副詞
□ 呢	ノ ne	〔—〕	～している 助詞
□ 过	グオ guo	〔過〕	～したことがある 助詞
□ 唱歌	チャンゴォ chàng gē	〔唱歌〕	歌を歌う 動詞
□ 还	ハイ hái	〔還〕	まだ 副詞
□ 没	メイ méi	〔没〕	ない 副詞
□ 会	ホゥイ huì	〔会〕	～のはずだ 助動詞
□ 要～了	ヤオ～ロ yào ～ le	〔要～了〕	もうすぐ～する 助動詞

これだけ覚える！

音声 49

ルール35 進行形「正在～呢」

正在＋～＋呢　（ちょうど）～している

ジエジエ Jiě jie　ジョンザァイ zhèng zài　チャンゴォ chàng gē　ノ ne.

姐姐 正在 唱歌 呢。

〔直訳〕 姉　している　歌を歌う

姉は歌を歌っています。

> **ワンポイントアドバイス**
> 「正在～呢」の進行表現は、「正・在・呢」３つの漢字のうち、どれか１つだけで、言い表すこともできます。

ズオティエン Zuó tiān　ジョゴォ zhè ge　シホウ shí hou　ジエジエ jiě jie　ジョオン zhòng　チャンゴォ chàng gē　ノ ne

（過去）**昨天 这个 时候 姐姐 正 唱歌（呢）。**

〔直訳〕 昨日　この　とき　姉　している　歌を歌う

昨日の今ごろ、姉は歌を歌っていた。

ジンティエン Jīn tiān　ジエジエ jiě jie　チャンゴォ chàn gē　ノ ne

（現在）**今天 姐姐 唱歌 呢。**

〔直訳〕 今日　姉　歌を歌う　している

今日、姉は歌を歌っている。

ミンティエン Míng tiān　ジョゴォ zhè ge　シホウ shí hou　ジエジエ jiě jie　ホゥイ huì　ザァイ zài　チャンゴォ chàng gē

（未来）**明天 这个 时候 姐姐 会※ 在 唱歌。**

〔直訳〕 明日　この　とき　姉　はず　している　歌を歌う

明日の今ごろ、姉は歌を歌っているはずだ。

※未来表現の際、「会 huì」（～のはず）などを伴うことが多い。

◆中国語の時制は、「昨天」「今天」「明天」などの時間詞をつけることで言い表します。

◆進行形の疑問は文末に「吗 ma」をつけて、否定は動詞の前に「没 méi」をつけて表現します。

ジエジエ Jiě jie　ザァイ zài　チャンゴォ chàng gē　マ ma　ジエジエ Jiě jie　メイ méi　チャンゴォ chàng gē

姐姐 在 唱歌 吗？ 姐姐 没 唱歌。

〔直訳〕 姉　している　歌を歌う　か　姉　ない　歌を歌う

お姉さんは歌を歌っていますか？　姉は歌を歌っていません。

> **ワンポイントアドバイス**
> 否定形の場合、進行形を表す「正・在・呢」の漢字は、一般的に省略します。

これだけ覚える！

ルール36 経験を表す「V（動詞）＋过」

「昔～したことがある」という過去の経験は、「V＋过」で表現します。

ウォ チュイ グオ ベイ ジン
Wǒ qù guo Běi jīng.
我 去 过 北京。
〔直訳〕私 行く ことがある 北京

私は北京へ行ったことがあります。

◆疑問文は文末に「**吗** ma」をつけるか、反復疑問文にします。

你 去 过 北京 吗？　（あなたは北京へ行ったことがありますか？）

你 去过 没 去过 北京？

◆否定文は動詞の前に「**没** méi」をつけます。このとき、「**过** guo」は消えずに残ります。

我 没 去 过 北京。　（私は北京に行ったことがありません。）

これだけ覚える！

ルール37 もうすぐ～する「要～了」

「**要** yào」と「**了** le」（助詞）の間に挟み、「もうすぐ～する」という意味になります。

タ ヤオ チュイ ルィベン ロ
Tā yào qù Rì běn le.
他 要 去 日本 了。
〔直訳〕彼 行く 日本
もうすぐ～する

彼はもうすぐ日本へ行きます。

◆疑問文は、文末に「**吗** ma」を置きます。

◆否定文は、「**还没** hái méi ～**呢** ne」の形で表します。「**还**」は「まだ」の意味です。

ミニ トレーニング 〔　　〕内の単語を並べかえて、中国語を完成させましょう。

寝る　昨日　～している
❶昨日兄は寝ていました。〔哥哥 睡觉 昨天 正在～呢〕

(　　　　　　　　　　　　　　　　)。

妹　勉強する　韓国語　今年　～している
❷今年妹は韓国語を勉強しています。〔妹妹 学习 韩国语 今年 正在～呢〕

(　　　　　　　　　　　　　　　　)。

私　行く　アメリカ　ない　したことがある
❸私はアメリカへ行ったことがありません。〔我 去 美国 没 过〕

(　　　　　　　　　　　　　　　　)。

彼　来る　もうすぐ～する　か
❹彼はもうすぐ来ますか？　まだです。〔他 来 要～了 吗〕

(　　　　　　　　　　　　　　　　)？　还没呢。

あなた　食べる　中国料理　したことがある　か
❺中華料理を食べたことがありますか？〔你 吃 中国菜 过 吗〕

(　　　　　　　　　　　　　　　　)？

答え

① 昨天 哥哥 正在 睡觉 呢
② 今年 妹妹 正在 学习 韩国语 呢
③ 我 没 去 过 美国
④ 他 要 来 了 吗
⑤ 你 吃 过 中国菜 吗

レッスン 18

完了を表す「了」の使い方

私は今月の雑誌を読みました。

動詞の直後に「了 le」をつけると、動作行為が完了したことを表すことができ、「～した」と訳せます。日本語の「～した」は過去形なので、「了」は単純に過去形と理解されがちですが、現在のことや未来のことについても「了」は使うことができます。

基本単語　まずは単語を覚えよう！

音声 50

中国語	読み方	日本の漢字にあてると	意味
□ 看	カン kàn	〔看〕	読む 動詞
□ 买	マイ mǎi	〔買〕	買う 動詞
□ 卖	マイ mài	〔売〕	売る 動詞
□ 写	シエ xiě	〔写〕	書く 動詞
□ 报纸	バオジ bào zhǐ	〔報紙〕	新聞 名詞
□ 杂志	ザァジ zá zhì	〔雑誌〕	雑誌 名詞
□ 上	シャン shàng	〔上〕	先の 方位詞 ※多義語注意
□ 下	シャ xià	〔下〕	後の 方位詞 ※多義語注意
□ 星期	シンチィ xīng qī	〔星期〕	週 名詞
□ 月	ユエ yuè	〔月〕	月 名詞
□ 就	ジュウ jiù	〔就〕	すぐに 副詞
□ 回家	ホゥイジャ huí jiā	〔回家〕	家に帰る 動詞
□ 信	シン xìn	〔信〕	手紙 名詞

これだけ覚える！

ルール38 「V＋了」は完了構文

ウォ カン ロ ジョ ゴォ ユエ ド ザァジ
Wǒ kàn le zhè ge yuè de zá zhì.
我 看 了 这个月 的 杂志。
〔直訳〕私 読む した 今月 の 雑誌
私は今月の雑誌を読みました。

完了構文の否定文

「**不**」は使えず、「**没**（**有**）」を動詞の前に置きます。そのとき、「**了**」は消えてしまいます。

ウォ メイ カン ジョ ゴォ ユエ ド ザァジ
Wǒ méi kàn zhè ge yuè de zá zhì.
我没看这个月的杂志。
〔直訳〕私 ない 読む 今月 の 雑誌
私は今月の雑誌を読みませんでした。

ワンポイントアドバイス
「没」はもともと「没有」ですが、文中ではしばしば「有」が省略されます。文末では省略できません。

完了構文の疑問文

文末に「**吗**」を置きます。

ニ カン ロ ジョ ゴォ ユエ ド ザァジ マ
Nǐ kàn le zhè ge yuè de zá zhì ma?
你 看 了 这个月 的 杂志 吗？
〔直訳〕あなた 読む した 今月 の 雑誌 か
あなたは今月の雑誌を読みましたか？

※反復疑問文をつくるには「V（**了**が消える）＋**没**＋V」と「～V＋**了**～**没有**」の２つの形があります。文末に**没有**を置くとき、**了**は消えません。

これだけ覚える！

ルール39 「V＋了」の後は限定語

限定語とは、「どのような」「いくつの」「だれの」などの修飾語がついた目的語のことです。修飾語は目的語の前に置かれます。次の文の「**报纸**」のように何も修飾する語がついていないものは限定語ではありません 。

ウォ　マイ　ロ　バオジ
Wǒ mǎi le bào zhǐ.

× 我 买 了 报纸。

〔直訳〕私　買う　した　新聞
S　V　O

私は新聞を買って･･･、

ワンポイントアドバイス
目的語「报纸」には何も修飾する語がついていません。

これを聞いた中国人は、まだ続きがあると思ってしまうため、「私は新聞を買って･･･」と理解します。文を終わらせるには、次の方法があります。

目的語を限定語にする方法

○ 我 买 了 今天 的 报纸。

〔直訳〕私　買うした　今日　の　新聞
S　V　O

私は今日の新聞を買った。

続きの内容を加える方法

○ 我 买 了 报纸, 就 回家 。

〔直訳〕私　買うした　新聞　すぐ 帰る 家
S　V　O　V　C

私は新聞を買ったら、すぐ家に帰る。

まとめて覚えよう　中国語の時間表現

上	上个月（先月）	上次（前回）	上个星期（先週）
这	这个月（今月）	这次（今回）	这个星期（今週）
下	下个月（来月）	下次（次回）	下个星期（来週）

※時間は上（過去）から下（未来）へと流れるととらえられています。

ミニトレーニング 下の語群より漢字を選び、中国語を完成させましょう（語群の漢字は何度使ってもよい）。

❶彼は中国語の辞書を売りました。　※一本＝1冊の

他（　）（　）一本 汉语 词典。

❷私は先週の雑誌を買わなかった。

我（　）（　）上个星期 的 杂志。

❸あなたは今日の新聞を読みましたか？

你（　）（　）（　）（　）报纸（　）？

❹先月李君は日本語の雑誌を買いましたか？

（　）小李（　）（　）日语 的 杂志（　）？

❺彼女は手紙を書いたら、すぐ家に帰ります。

她（　）（　）信，就 回家。

語群

的	了	上个月	今天	看
卖	买	写	没	吗

答え

①他（卖）（了）一本 汉语 词典。　②我（没）（买）上个星期 的 杂志。

③你（看）（了）（今天）（的）报纸（吗）？

④（上个月）小李（买）（了）日语 的 杂志（吗）？　⑤她（写）（了）信，就 回家。

レッスン

19 文末の「了」と持続の「着」

私は新聞を買いました。

レッスン 18 でみてきたとおり、「**我买了报纸**（私は新聞を買ったら…)」という言い方では、文章は言い切ることができません。この文章を終わらせるためには、3 つの方法があります。

❶ 前に何の修飾語もない「**报纸**」に、「**今天的**」(今日の) などの修飾語をつけて限定語にする。
❷「それから家に帰った」などというように、この文の続きの内容をつけ加える。
❸ 文末に語気助詞「**了**」をつける。

ここでは、❸の用法を学びます。

基本単語　まずは単語を覚えよう！　音声 52

中国語	読み方	日本の漢字にあてると	意　味
□ 了	ロ le	〔了〕	～した 助詞
□ 着	ジョ zhe	〔着〕	～している 助詞
□ 门	メン mén	〔門〕	ドア 名詞
□ 开	カイ kāi	〔開〕	開く 動詞
□ 在～上	ザァイ～シャン zài～shang	〔在～上〕	～の上に
□ 做	ズオ zuò	〔做〕	つくる・する 動詞
□ 坐	ズオ zuò	〔坐〕	座る 動詞
□ 早饭	ザァオファン zǎo fàn	〔早飯〕	朝ご飯 名詞

音声53

これだけ覚える！

ルール40 文末の「了」は文全体の完了を示す

～＋了

「**报纸**」を限定語にしたり、文の続きの内容をつけ加えたりすることなく、文末に「**了**」をつけるだけで文を終わらせることができます。

ウォ マイ ロ バオジ ロ
Wǒ mǎi le bào zhǐ le.

我 买 了 报纸 了。

〔直訳〕 私 買う した 新聞

私は新聞を買いました。

ワンポイントアドバイス
文末に「了」をつけたとき、動詞の直後の「了」は省略もできます。
我 买 报纸 了。

◆レッスン18で学んだように、文末に「了」を置いた完了構文の場合でも否定のとき「**不**」は使えず、「**没（有）**」を動詞の前に置きます。そのとき、動詞の後の「**了**」も文末の「**了**」も消えます。

ウォ メイ マイ バオジ
Wǒ méi mǎi bào zhǐ.

我 没 买 报纸。

「**了**」が消える！

〔直訳〕 私 ない 買う 新聞

私は新聞を買いませんでした。

◆文末に「**了**」を置いた完了構文の疑問文にも、文末に「**吗**」を置く形と反復疑問文の２つがあります。

你 买 报纸 了 吗？
（「**吗**」疑問文。）

你 买 没买 报纸？
（反復疑問文。**不**の代わりに**没**を使う。**了**は２つとも消える。）

你 买 报纸 了 没有？
（反復疑問文。**买**の直後の「**了**」が省略されている。）

※反復疑問文は「V＋**没**＋V」と「～＋**了**＋**没有** méi yǒu」の２つの形があります。文末に没有を置くとき、２つ目の了は消えません。

これだけ覚える！

ルール41 「V＋着」で持続の意味を表す

V＋着～ ～ている、～てある（動作の持続、状態の持続）

動作の持続

ババ ズオ ジョ ザァオファン ノ
Bà ba zuò zhe zǎo fàn ne.
爸爸 做 着 早饭 呢。

〔直訳〕お父さん つくる ている 朝ご飯

お父さんは朝ご飯をつくっている。

ワンポイントアドバイス
進行形の「正在～呢」は、「～しているところだ」、「V＋着」は「～している」で、ニュアンスが違います。

ワンポイントアドバイス
「正在做 早饭呢」と言うと、「ちょうど今つくっている」というニュアンスになります。

状態の持続

ママ ザァイ イズ シャン ズオ ジョ
Mā ma zài yǐ zi shang zuò zhe.
妈妈 在 椅子 上 坐 着。

〔直訳〕お母さん で 椅子 上 座るている

お母さんは椅子に座っている。

疑問文

文末に「**吗**」をつけるか、あるいは「V＋**着 没有**」を使って表現します。

メン カイ ジョ マ　メン カイ ジョ メイヨウ
Mén kāi zhe ma? Mén kāi zhe méi yǒu?
门 开 着 吗？ 门 开 着 没有？

〔直訳〕ドア 開く ている か　ドア 開く ている か

ドアは開いていますか？

否定文

「**没有**」を動詞の前につけます。

動作の持続の否定　爸爸 没有 做 早饭 呢。

（「**着**」が消えるのに注意）お父さんは朝ご飯をつくっていません。

状態の持続の否定　妈妈 没有 在 椅子 上 坐 着。

（「**着**」は消えない）　お母さんは椅子に座っていません。

ミニトレーニング 〔　〕内の単語を並べかえて、中国語を完成させましょう。

❶妹は手紙を書かなかった。〔妹妹（妹） 写（書く） 信（手紙） 没（ない）〕

（　　　　　　　　　　　　　　　　）。

❷あなたは朝ご飯をつくりましたか？〔你（あなた） 早饭（朝ご飯） 做（つくる） 没有（ない）〕

（　　　　　　）了（　　　　　　）？

❸お父さんはベッドに横になっている。〔爸爸（お父さん） 床（ベッド） 在～上（の上に） 躺（横になる） 着（ている）〕

（　　　　　　　　　　　　　　　　）。

❹ドアが開いている。〔开（開く） 呢 着（ている） 门（ドア）〕

（　　　　　　　　　　　　　　　　）。

❺机の上に本が並んでいます。〔桌子（机） 在～上（の上に） 书（本） 摆（並べる） 着（ている）〕

（　　　　　　　　　　　　　　　　）。

答え

① 妹妹没写信　② 你做早饭　没有　③ 爸爸在床上躺着
④ 门开着呢　⑤ 书在桌子上摆着

レッスン 20

いくつかの動詞を重ねる言い方

私は自転車に乗って通学する。

「自転車に乗って通学する」というように、「乗る」「通学する」という２つの行為を続けて言い表す文を連動文といいます。中国語の連動文では、動作の行われる順に、動詞あるいは動詞句（V＋O）を並べて表現します。

基本単語　まずは単語を覚えよう！

音声 54

中国語	読み方	日本の漢字にあてると	意味
□ 上学	シャンシュエ shàng xué	〔上学〕	通学する 動詞
□ 下课	シャコォ xià kè	〔下課〕	授業が終わる 動詞
□ 骑	チィ qí	〔騎〕	乗る（またがって乗るもの） 動詞
□ 自行车	ズシンチョ zì xíng chē	〔自行車〕	自転車 名詞
□ 博物馆	ボウゥグアン bó wù guǎn	〔博物館〕	博物館 名詞
□ 山水画	シャンシュイホァ shān shuǐ huà	〔山水画〕	山水画 名詞
□ 门票	メンピャオ mén piào	〔門票〕	入場券 名詞
□ 玩儿	ワアル wánr	〔玩児〕	遊ぶ 動詞
□ 考虑	カオリュイ kǎo lǜ	〔考慮〕	考える 動詞
□ 洗衣服	シィイフゥ xǐ yī fu	〔洗衣服〕	洗濯する 動詞
□ 散步	サンブゥ sàn bù	〔散歩〕	散歩する 動詞
□ 开始	カイシ kāi shǐ	〔開始〕	始める 動詞

音声 55

これだけ覚える！

ルール 42 S（主語）＋ V1（動詞 1）＋ V2（動詞 2）＋ V3（動詞 3）…

S（主語）＋ V1（動詞 1）＋ V2（動詞 2）　S は V1 して V2 する

ウォ　チィ　ズシンチョ　シャンシュエ
Wǒ qí zì xíng chē shàng xué.
我　骑　自行车　上学。
動詞句 1　動詞句 2
〔直訳〕私　乗る　自転車　通学する
私は自転車に乗って通学する。

※「骑 自行车」「上 学」は「V（動詞）＋ O（目的語）」という動詞句になっています。連動文では、動詞を直接隣に並べるのではなく、「動詞 1」に続く目的語を言ってから次の「動詞 2」を言います。

S（主語）＋ V1（動詞 1）＋ V2（動詞 2）＋ V3（動詞 3）
S は V1 して V2 し、そして V3 する

タ　チュイ　ボウゥグアン　マイ　メンピャオ　カン　シャンシュイホァ
Tā qù bó wù guǎn mǎi mén piào kàn shān shuǐ huà.
他　去　博物馆　买　门票　看　山水画。
〔直訳〕彼　行く　博物館　買う　入場券　見る　山水画
彼は博物館へ行き、入場券を買って山水画を見る。

S（主語）＋去／来（動詞 1）＋ V2（動詞 2）　S は V2 しに行く／来る

ニ　ライ　ワアル
Nǐ lái wánr.
你　来　玩儿。
〔直訳〕あなた　来る　遊ぶ
あなたは遊びに来る。

ワンポイントアドバイス
「～しに来る／行く」というときは（去／来）動詞1と動詞2を直接つなぐことができます。「行く／来る＋～する」と語順は、日本語と逆になるので注意しましょう。

これだけ覚える！

ルール43 動詞を2つ重ねれば「ちょっと～してみる」

動詞を2つ重ねると、「ちょっと～する」「試しに～してみる」というニュアンスを表現し、語調をやわらげる効果をもたらします。これを「重ね型」といいます。

ちょっと～してみる

ジョシエ ウェンティ インガイ カオリュイ カオリュイ
Zhè xiē wèn tí yīng gāi kǎo lǜ kǎo lǜ.
这些 问题 应该 考虑 考虑。
〔直訳〕 これら 問題 ~しなければならない 考える
これらの問題はちょっと考えてみなければなりません。

ワンポイントアドバイス
「一下」（わずかな時間）を動詞の後ろに置いても、同じニュアンスになります。

～したり、～したり

シャコォ ホウ シャオリィウ シィシィ イフゥ サンサン ブゥ
Xià kè hòu, xiǎo Liú xǐ xi yī fu, sàn san bù.
下课 后，小刘 洗洗 衣服，散散 步。
〔直訳〕 授業が終わる 後 劉さん 洗濯する 散歩する
放課後、劉さんは洗濯したり、散歩したりします。

※動詞の構造が、もともと「V＋O」という形の場合は、「V＋V＋O」の形になります。
例：**散散步**（散歩する）、**打打球**（球技をする）

※動詞の重ね型には、動詞と動詞の間に、「**一** yi」「**了** le」が挿入されることもあります。

例：**你写一写信吧。** 手紙をちょっと書いてください。
写了写信，就开始睡觉了。 手紙をちょっと書いたら寝始めた。

「**一**」には1回だけのニュアンスが、「**了**」には動作がすでに終わったニュアンスがあります。

ミニトレーニング 〔　〕内の単語を並べかえて、中国語を完成させましょう。

❶私も映画を見に行きます。※副詞は動詞の前にくる。「も」は「也」。
（　　　　　　　　　　）。〔我（私） 看（見る） 去（行く） 电影（映画） 也（も）〕

❷彼の姉は自転車で通勤しています。
（　　　　　　　　　　）。〔姐姐（姉） 自行车（自転車） 上班（通勤する） 骑（乗る） 他（彼）〕

❸先生は帰宅してご飯をつくる。
（　　　　　　　　　　）。〔老师（先生） 做饭（ご飯をつくる） 回家（家に帰る）〕

❹あなたはバスに乗って空港へ行き、友だちを出迎えます。
〔你（あなた） 朋友（友だち） 公共汽车（バス） 飞机场（空港） 去（行く） 坐（乗る） 接（迎える）〕
（　　　　　　　　　　　　　　　　）。

❺おばあさんは幼稚園へ孫を送り迎えする。※送り迎え＝接送（語順逆注意）
〔奶奶（おばあさん） 孙子（孫） 到（まで行く） 接送（送り迎えする） 幼儿园（幼稚園）〕
（　　　　　　　　　　　　　）。

❻ちょっと休みましょう。（動詞の重ね型を使って）
（　　　　　　　　　　）。〔咱们（私たち） 吧 休息（休む）〕

答え

① 我 也 去 看 电影	② 他 姐姐 骑 自行车 上班
③ 老师 回家 做饭	④ 你 坐 公共汽车 去 飞机场 接 朋友
⑤ 奶奶 到 幼儿园 接送 孙子	⑥ 咱们 休息 休息 吧

会話を聞いて復習！④

音声 56

レッスン16からレッスン20までで学習した文法事項を含む会話文を聞いて、130ページ[I]～[III]の問題に答えましょう。

昨天上午我（①）你打电话了，没人接。你不在家吗？
昨日の午前中、私はあなたに電話をしたけれども、だれも出ませんでした。留守でしたか？

昨天上午我正在睡觉（②）。
昨日の午前中は寝ていました。

㋐昨天你累了吗？
（　㋐　）

不累。㋑因为前天晚上我看电视了。
疲れていません。（　㋑　）

㋒今天咱们一起去参观动物园，好吗？
（　㋒　）

好的。你去（③）动物园吗？
いいですよ。
あなたは動物園へ行ったことがありますか？

还（④）去过。㊤你想看什么动物？
まだ行ったことがありません。
（　　㊤　　）

我想看看熊猫。
私はパンダを見たいです。

日本动物园也有熊猫，但是它经常在小山上躺（⑤）。
日本の動物園にもパンダはいます。しかしそれはいつも小山の上に横たわっています。

是吗？那，
㊥咱们坐公共汽车去动物园吧。
そうですか。それでは、（　　㊥　　）

新出単語

- **没人接**〔méi rén jiē メイレンジエ〕（電話が）通じない
- **累**〔lèi レイ〕疲れる 動詞
- **因为**〔yīn wèi インウェイ〕〜ので 接続詞
- **参观**〔cān guān ツァングアン〕見学する 動詞
- **动物园**〔dòng wù yuán ドォンウゥユアン〕動物園 名詞
- **熊猫**〔xióng māo ションマオ〕パンダ 名詞
- **经常**〔jīng cháng ジンチャン〕いつも 副詞
- **躺**〔tǎng タン〕横になる 動詞

問題 128、129ページの会話を聞いて、次の質問に答えましょう。

Ⅰ （①）から（⑤）に入る語を漢字1字で書きましょう。

①	②	③	④	⑤

Ⅱ 下線部㋐から㋔までを日本語に訳しましょう。

㋐

㋑

㋒

㋓

㋔

Ⅲ 次のAからEまでのピンインを中国語に直し、日本語にも訳しましょう。

A Wǒ shì cóng Rìběn lái de liúxuéshēng.

B Zuótiān zhè ge shíhou gēge zhèngzài shuìjiào ne.

C Nǐ chī guo Běijīngcài ma?

D Lǎoshī yào lái xuéxiào le.

E Māma huí jiā zuò fàn.

答え

Ⅰ

①给　②呢　③过　④没　⑤着

Ⅱ

㋐　昨日は疲れたのですか？
㋑　一昨日の晩はテレビを見ていましたので。
㋒　今日私たちは一緒に動物園を見学に行きますか？
㋓　あなたはどんな動物を見たいですか？
㋔　バスに乗って動物園へ行きましょう。

Ⅲ

A　**我 是 从 日本 来 的 留学生。**私は日本から来た留学生です。
B　**昨天 这个 时候 哥哥 正在 睡觉 呢。**昨日の今頃兄は寝ていました。
C　**你 吃 过 北京菜 吗?** 北京料理を食べたことがありますか？
D　**老师 要 来 学校 了。**先生はもうすぐ学校へ来ます。
E　**妈妈 回家 做 饭。**お母さんは家に帰ってご飯をつくります。

ワンポイントアドバイス

2つ以上の文が、意味上のつながりを持って1つの文になっているものを複文といいます。文と文に因果関係などがある場合、前後呼応して用いられる決まったフレーズがあります。因果関係を表す複文には「因为 yīnwèi ～所以 suǒyǐ…（～なので…）」がよく用いられます。
因为 前天 晚上 我 看 电视 了，所以 不 能 去 你家。
一昨日の晩、私はテレビを見ていたので、あなたの家に行けなかった。

• コラム •

権威の失墜した霊獣、亀

古代の中国では、霊力を持った神聖な動物を「四灵（四霊）」あるいは「四神（四神）」といいました。四霊とは、「麟（麒麟）」「凤（鳳凰）」「龟（亀）」「龙（龍）」の４種の動物のことです。麒麟、鳳凰、龍は想像上の動物ですが、亀だけは実在の生き物です。中国語の「龟鹤 guī hè（亀鶴）」は長寿のたとえとして現在も使われており、「鶴亀」といえば長寿の縁起物を意味する日本と同様です。

さらに島国の日本では、亀が恩返しをする「浦島太郎」の昔話も有名で、のろまでありながら恩義を忘れない動物として語り継がれています。これに似た説話は、中国の六朝時代に著された志怪小説＊の中にたくさんみられます。もっとも海をほとんど描かない中国文学の場合、人と亀との出合いはもっぱら長江や黄河で、その亀は海亀ではなくスッポンや沼亀でした。

ところが、唐代の終わりころから、亀に対する中国人のイメージが一変します。唐末五代の前蜀という国の王があまりにむごい人物で、賊王八（ぞくおうはち）との異名がありました。「王八 wáng ba（王八）」が「忘八 wàng bā（忘八）」と同じ発音ということから、八の徳目（孝・悌・忠・信・礼・義・廉・恥）を忘れた者の意味を含み、さらに「女房を寝取られた者」とののしる言葉へとその意味が広がっていきました。

亀にとってははなはだ迷惑な話ですが、この「王八」がなぜかそのまま亀を意味する言葉となり、そして亀は霊獣から一気に人を罵倒（ばとう）する言葉の代名詞へと権威が失墜してしまったのでした。

中国・北京でいちばん大きなペット市場、官園市場をのぞいてみると、たくさんのアカミミガメが売られています。近年はインドや雲南からリクガメも出荷されていて、亀は人気のあるペットになっているようです。今後、地におちた権威が復権することはあるのでしょうか。

＊不思議なできごとを綴った短編小説。

PART 4

文法トレーニング

ステップ3

ステップ３では、助動詞を学びます。「〜したい」「〜できる」「〜してはいけない」など、さまざまな言い方を覚えましょう。
また、比較、依頼や使役、受け身の表現、さらに述語の後ろについて補足説明を加える「補語」という文法事項についても学習します。

レッスン 21

中国語の助動詞(能願動詞)—「要」の使い方

私は大学院を受験したいです。

中国語には、いわゆる助動詞にあたる「能願動詞」という品詞があります。なかには、1つの漢字で、動詞と能願動詞の2つの役割を兼ねているものがあります。その代表である「要」を例に挙げて学びましょう。

基本単語　まずは単語を覚えよう！

音声 57

中国語	読み方	日本の漢字にあてると	意　味
□ 要	ヤオ yào	〔要〕	ほしい・(時間が)かかる 動詞 ~したい・~するつもりだ 能願動詞
□ 东京	ドォンジン Dōng jīng	〔東京〕	東京 名詞
□ 多长	ドゥオチャン duō cháng	〔多長〕	どのくらい
□ 小时	シャオシ xiǎo shí	〔小時〕	~時間 名詞
□ 这儿	ジョル zhèr	〔這児〕	ここ 指示代詞
□ 考	カオ kǎo	〔考〕	受験する 動詞
□ 研究生	イエンジュウション yán jiū shēng	〔研究生〕	大学院生 名詞
□ 睡觉	シュイジャオ shuì jiào	〔睡覚〕	寝る 動詞
□ 刷牙	シュアヤ shuā yá	〔刷牙〕	歯を磨く 動詞
□ 以前	イチィエン yǐ qián	〔以前〕	以前 名詞

これだけ覚える！

音声 58

ルール44 動詞の「要」は、「ほしい」「かかる」

動詞としての「要」には、「ほしい」とか「(時間が) かかる」という意味があります。

動詞の「要」　ほしい、(時間が) かかる

ウォ　ヤオ　ジョ　ゴォ
Wǒ yào zhè ge.
我 要 这 个。
〔直訳〕私　ほしい　これ　個
私はこれがほしいです（これください）。

ワンポイントアドバイス
買い物をするときに使います。

ツォン　ドォンジン　ダオ　ベイジン　ヤオ　ドゥオチャン　シジィエン
Cóng Dōng jīng dào Běi jīng yào duō cháng shí jiān?
从 东京 到 北京 要 多长 时间？
〔直訳〕～から　東京　～まで　北京　かかる　どのくらいの時間
東京から北京までどのくらいかかりますか？

ヤオ　サン　ゴォ　シャオシ
Yào sān ge xiǎo shí.
要 三 个 小时。
〔直訳〕かかる　3時間
3時間かかります。

これだけ覚える！

ルール45 能願動詞の「要」―～したい、～しなければならない

「要」は、動詞の前に置いて、「～したい」「～しなければならない」「～のはずだ」などの意味を加える働きをする能願動詞にもなります。これは英語、日本語の助動詞と同じ役割を果たします。

要＋動詞　**～したい、～するつもりだ**

ウォ　ヤオ　カオ　イエンジュウション
Wǒ yào kǎo yán jiū shēng.
我 要 考 研究生。
〔直訳〕私　したい　受験する　大学院生（の試験）
私は大学院を受験したいです。

要＋動詞　**～しなければならない**

シュイジャオ　イチィエン　ヤオ　シュアヤ
Shuì jiào yǐ qián yào shuā yá.
睡觉 以前 要 刷牙。
〔直訳〕寝る　以前　しなければならない　歯を磨く
寝る前に歯を磨かなければならない。

※能願動詞としての「要」には多くの意味があるため、その意味は前後の文脈で判断します。例えば、上の例文「**我 要 考 研究生。**」の「**要**」は「～したいです（するつもりです）」という意味になりますが、「**睡觉 以前 要 刷牙。**」の「**要**」は「～しなければなりません」という意味になります。

ミニトレーニング **〔　〕内の単語を正しい順序に並べて、中国語を完成させましょう。**

❶店員「何がほしいのですか？」　客「あれください」
〔要　你　什么　要　那个　我〕
店員（　　　　　　　　）？　客（　　　　　　　　）。

❷来年私は大学を受験したいです。
〔考　大学　要　我　明年〕
（　　　　　　　　　　）。

❸あなたはご飯を食べた後、歯を磨かなければなりません。
〔吃　你　刷牙　饭（ご飯）　要　以后〕
（　　　　　　　　　　）。

❹明日私は日本へ行くつもりです。
〔日本　去　明天　要　我〕
（　　　　　　　　　　）。

❺出勤前に、子どもを幼稚園へ送らなければなりません。
〔我　以前，上班（出勤する）　要　幼儿园　到　送（送る）　孩子〕
（　　　　　　　　　　）。

答え

① 你 要 什么　　我 要 那个
② 明年 我 要 考 大学
③ 你 吃 饭 以后 要 刷牙
④ 明天 我 要 去 日本
⑤ 上班 以前，我 要 送 孩子 到 幼儿园

レッスン 22

「～したい」願望、「～するつもり」意志

私はこのお茶を買いたい。

このレッスンでは、「～したい」「～するつもり」という、願望や意志の言い方を学びましょう。レッスン 21 に引き続き能願動詞を使います。

基本単語　まずは単語を覚えよう！

音声 59

中国語	読み方	日本の漢字にあてると	意味
□ 想	シャン xiǎng	〔想〕	～したい 能願動詞
□ 要	ヤオ yào	〔要〕	～したい・～するつもりだ 能願動詞
□ 敢	ガン gǎn	〔敢〕	～する勇気がある 能願動詞
□ 参观	ツァングアン cān guān	〔参観〕	見学する 動詞
□ 故宫	グゥゴォン Gù gōng	〔故宮〕	故宮 名詞
□ 打算	ダスワン dǎ suan	〔打算〕	～するつもりだ 能願動詞
□ 准备	ジュンベイ zhǔn bèi	〔準備〕	～する予定だ 能願動詞
□ 春节	チュンジエ Chūn Jié	〔春節〕	旧正月 名詞
□ 老家	ラオジャ lǎo jiā	〔老家〕	ふるさと 名詞
□ 探亲	タンチン tàn qīn	〔探親〕	配偶者や親戚に会いに行く 動詞
□ 狗肉	ゴウロウ gǒu ròu	〔狗肉〕	犬の肉 名詞
□ 种	ジョオン zhǒng	〔種〕	種 量詞

これだけ覚える！

音声60

ルール46 語順は能願動詞（想・要・敢）＋動詞

「〜したい、〜するつもりだ」という意味を表す能願動詞（助動詞）には、「**想**」「**要**」「**敢**」などがあります。

想＋動詞　〜したい

ウォ　シャン　マイ　ジョジョオン　チャ
Wǒ xiǎng mǎi zhè zhǒng chá.

我 想 买 这种 茶。

〔直訳〕私　したい　買う　この種の　お茶

私はこのお茶を買いたい。

ワンポイントアドバイス
この例文の「想」を「要」に言い換えてもかまいません。

敢＋動詞　〜する勇気がある

タ　ガン　チ　ゴウロウ
Tā gǎn chī gǒu ròu.

她 敢 吃 狗肉。

〔直訳〕彼女　〜する勇気がある　食べる　犬の肉

彼女は犬の肉を食べる勇気がある。

能願動詞の疑問文、否定文　〜したいですか？、〜したくない

ニ　ヤオ　ブゥ　ヤオ　チュイ　ツァングアン　グゥゴォン
Nǐ yào bu yào qù cān guān Gù gōng?

你要不要去参观故宫？

〔直訳〕あなた　したい　ない　したい　行く　見学する　故宮

故宮へ見学に行きたいですか？

ワンポイントアドバイス
「見学しに行く」というように、「見学する」と「行く」という２つの動詞が重なるとき、日本語と逆に「去」（行く）「参观」（見学する）という語順になります。

※能願動詞を含む文を反復疑問文にする場合、能願動詞「**要**」を反復させて疑問文をつくります。文末に「**吗**」をつけても、疑問文ができます。

※前ページの疑問文に対する否定の答えは、

「**我 不想 去 参观 故宫。**」

となります。「**不要〜**」は、「〜してはいけない」という意味で使われることが多いので、「〜したくない」と言いたいときは「**不想**」を使って表現します。

これだけ覚える！

ルール47 「〜するつもり」を表す「打算」と「准备」

中国語の「**打算**」は日本語の意味とは異なり、「〜するつもり」という意味で使われます。これは実行するしないにかかわらず、気持ちのうえで「〜したいと思う」というニュアンスを伝えるときに使われます。「**准备**」も動詞の前に置いて「〜したい」という意味に使いますが、具体的に計画を立てて準備をしているときに使います。

打算　〜するつもり

ウォ	ダスワン	ダオ	ジョオングオ	チュイ	リィウシュエ
Wǒ	dǎ suan	dào	Zhōng guó	qù	liú xué.
我	**打算**	**到**	**中国**	**去**	**留学**。
〔直訳〕私	するつもり	へ	中国	行く	留学

私は中国へ留学するつもりです。

准备　〜するつもり

タ	ジュンベイ	チュンジエ	ホゥイ	ラオジャ	タンチン
Tā	zhǔn bèi	Chūn Jié	huí	lǎo jiā	tàn qīn.
他	**准备**	**春节**	**回**	**老家**	**探亲**。
〔直訳〕彼	するつもり	旧正月	帰る	ふるさと	配偶者や親戚に会いに行く

彼はお正月にふるさとへ帰省するつもりです。

ミニトレーニング 下の語群より漢字を選び、中国語を完成させましょう（語群の漢字は1回ずつしか使えません）。

❶あなたは映画を見に行きたいですか？　※映画＝电影

你　要　不（　　）（　　）（　　）电影？

❷いいえ、私は映画を見に行きたくありません。

不，我　不（　　）。

❸私は来年ふるさとに帰省するつもりです。

我（　　）明年　回　老家　探亲。

❹李君は１人で日本へ行く勇気があります。

小李　一个人（　　）到　日本　去。

語群

想　要　准备　去　看　敢

答え

①你 要 不（要）（去）（看）电影？　②不，我 不（想）。
③我（准备）明年 回 老家 探亲。　④小李 一个人（敢）到 日本 去。

レッスン 23

3つの「できる」—「会」「能」「可以」

私は中国語が話せるようになりました。

日本語では「できる」という１語ですべてのニュアンスに対応しますが、中国語には「習得してできる」意味の「**会**」、「先天的に能力があってできる」意味の「**能**」、それから「許可されているからできる」意味の「**可以**」という３種類の「できる」があります。これらも能願動詞です。

基本単語　まずは単語を覚えよう！

音声 61

中国語	読み方	日本の漢字にあてると	意味
□ 会	ホゥイ huì	〔会〕	できる 能願動詞
□ 能	ノン néng	〔能〕	できる 能願動詞
□ 可以	コォイ kě yǐ	〔可以〕	できる 能願動詞
□ 说	シュオ shuō	〔説〕	話す 動詞
□ 开	カイ kāi	〔開〕	運転する 動詞
□ 游泳池	ヨウヨンチ yóu yǒng chí	〔遊泳池〕	プール 名詞
□ 游	ヨウ yóu	〔遊〕	泳ぐ（水泳をする） 動詞
□ 游泳	ヨウヨン yóu yǒng	〔遊泳〕	泳ぐ 動詞　水泳 名詞
□ 汽车	チィチョ qì chē	〔汽車〕	車 名詞
□ 公里	ゴォンリ gōng lǐ	〔公里〕	キロ 名詞
□ 小时	シャオシ xiǎo shí	〔小時〕	～時間 名詞

これだけ覚える！

音声 62

ルール48 勉強して習得した「できる」は「会」

会＋動詞

ウォ ホゥイ シュオ ハンユィ ロ
Wǒ huì shuō Hàn yǔ le.
我 会 说 汉语 了。
〔直訳〕私 できる 話す 中国語 した
私は中国語が話せるようになりました。

ニ ホゥイ カイ チィチョ マ
Nǐ huì kāi qì chē ma?
你 会 开 汽车 吗？
〔直訳〕あなた できる 運転する 車 か
あなたは車を運転できますか？

※日本語では「私は英語ができます」と言います。中国語では、大抵、英語の何ができるのかをはっきり明言して、
「**我 会 说 英语。**」（私は英語を話すことができます）
と言います。
その一方で、日本語と同じく、
「**我 会 英语。**」（私は英語ができます）
という言い方も可能です。この場合の「**会**」は能願動詞ではなく、動詞です。動詞の「**会**」は、何かの技術を習得していて「深く知っている」という意味で使われます。

これだけ覚える！

ルール49 能力の「能」と許可の「可以」

「**能**」と「**可以**」は意味が近いです。「能力があってできる」という意味の場合は「**能**」をよく使い、「許可を伴ってできる」という意味の場合は「**可以**」を使います。

能＋動詞

ウォ	イゴォ シャオシ	ノン	ヨウ	イゴォンリ
Wǒ	yí ge xiǎo shí	néng	yóu	yì gōng lǐ.
我	**一个小时**	**能**	**游**	**一公里**。
〔直訳〕私	1時間	できる	泳ぐ	1キロ

私は1時間に1キロ泳ぐことができる。

可以＋動詞

ジョゴォ	ヨウヨンチ	リ	コォイ	ヨウヨン	マ
Zhè ge	yóu yǒng chí	li	kě yǐ	yóu yǒng	ma?
这个	**游泳池**	**里**	**可以**	**游泳**	**吗**？
〔直訳〕この	プール	中	できる	泳ぐ	か

このプールで泳ぐことはできますか？

※上の文の質問に答える場合、肯定なら「**可以**」の1語でよいのですが、否定の場合、「**不可以**」と言うことはできません。「**不可以**」は命令口調の強い禁止の意味になってしまうからです。否定するときは、「**不能** bù néng ＋ V」の形で表現するか、「**不行** bù xíng」のみで表現します。

ミニトレーニング **〔　　　〕内の単語を並べかえて、中国語を完成させましょう。**

か　ここ　できる　たばこを吸う
❶ここでたばこを吸ってもいいですか？〔吗、这儿、可以、抽烟〕

(　　　　　　　　　　　　　　　　)？

野球　できる　あなた　する　か
❷あなたは野球ができますか？〔棒球、会、你、打、吗〕

(　　　　　　　　　　　　　　　　)？

できる　彼　中国語　話す
❸彼は中国語を話すことができます。〔会、他、汉语、说〕

(　　　　　　　　　　　　　　　　)。

ドイツ語　彼ら　話す　できる　少し　か
❹彼らは少しドイツ語が話せますか？〔德语、他们、说、会、一点儿、吗〕

(　　　　　　　　　　　　　　　　)？

私　この　できる　小説　翻訳する
❺私はこの小説を翻訳することができます。〔我、这本、能、小说、翻译〕

(　　　　　　　　　　　　　　　　)。

か　行く　私　できる
❻もう行ってもいいですか？〔吗、走、我、可以〕

(　　　　　　　　　　　　　　　　)？

答え

① 这儿 可以 抽烟 吗
② 你 会 打 棒球 吗
③ 他 会 说 汉语
④ 他们 会 说 一点儿 德语 吗
⑤ 我 能 翻译 这本 小说
⑥ 我 可以 走 吗

レッスン 24

「～してはいけない」禁止

ここでたばこを吸ってはいけない。

「～してはいけない」という禁止の表現も、言い方によってはずいぶんと違ったニュアンスになります。中国語にも、きつい禁止の言い方と、少し柔らかな調子の言い方があります。このレッスンでは、それらのニュアンスの表現について学びましょう。

基本単語　まずは単語を覚えよう！

音声 63

中国語	読み方	日本の漢字にあてると	意　味
□ 同学们	トォンシュエメン tóng xué men	〔同学ー〕	(学校などで)みなさん 名詞
□ 别	ビエ bié	〔別〕	～するな 能願動詞
□ 不要	ブゥヤオ bú yào	〔不要〕	～してはいけない 能願動詞の否定
□ 不能	ブゥノン bù néng	〔不能〕	～してはいけない 能願動詞の否定
□ 抽烟	チョウイエン chōu yān	〔抽煙〕	たばこを吸う 動詞
□ 睡觉	シュイジャオ shuì jiào	〔睡覚〕	寝る 動詞
□ 上课	シャンコォ shàng kè	〔上課〕	授業を始める 動詞
□ 甭	ボン béng	〔ー〕	～する必要がない 能願動詞
□ 用	ヨン yòng	〔用〕	～する必要がある 能願動詞
□ 喧哗	シュアンホァ xuān huá	〔喧嘩〕	騒ぐ 動詞
□ 管	グアン guǎn	〔管〕	かかわる 動詞
□ 着急	ジャオジィ zháo jí	〔着急〕	あわてる 動詞

これだけ覚える！

音声64

ルール50 きつい禁止の「别」「不要」「不能」

この３つの語を動詞の前に置くと、比較的きつい禁止の表現になります。

别 **～してはいけない**

トォンシュエメン ビエ シュオホァ
Tóng xué men bié shuō huà.
同学们 别 说话。
〔直訳〕 みなさん してはいけない 話をする
みなさん、おしゃべりをやめなさい。

不要 **～してはいけない**

ザァイ ジョリ ブゥヤオ チョウイエン
Zài zhè li bú yào chōu yān.
在这里 不要 抽烟。
〔直訳〕 ここで してはいけない たばこを吸う
ここでたばこを吸ってはいけない。

不能 **～してはいけない**

シャンコォ シ ブゥノン シュイジャオ
Shàng kè shí bù néng shuì jiào.
上课时 不能 睡觉。
〔直訳〕 授業中 してはいけない 寝る
授業中に寝てはいけない。

これだけ覚える！

ルール51 柔らかな禁止の「不用」「甭」

これらの語を動詞の前に置くと、「～するには及びません」という、少し柔らかなニュアンスの禁止表現になります。

甭 **～する必要がない**

ニ　ボン　グアン
Nǐ béng guǎn.
你 甭 管。
〔直訳〕あなた する必要がない かかわる
放っておいてくれ。

ワンポイントアドバイス
「甭」は「不用 bú yòng」が1語になった口語表現です。

不用 **～する必要がない**

ニ　ブゥ ヨン　ジャオジィ
Nǐ bú yòng zháo jí.
你 不用 着急。
〔直訳〕あなた する必要がない あわてる
あわてるには及びません。

※柔らかな禁止表現のつくり方として、文頭に「**请**」を置く方法もあります。この場合、ルール50(p.147)のきつい表現もやわらげることができます。

チン　ニ　ブゥ ヤオ　ダション　シュアンホァ
Qǐng nǐ bú yào dà shēng xuān huá.
请 你 不要 大声 喧哗。
〔直訳〕どうか あなた してはいけない 大声 騒ぐ
どうか大きな声で騒がないでください。

ミニトレーニング 下の語群より漢字を選び、中国語を完成させましょう（語群の漢字は何度使ってもよい）。

❶心配しないでください。 ※心配する＝担心

（　　　）（　　　）（　　　）用（　　　　　）。

❷ここで痰を吐いてはいけない。 ※痰を吐く＝吐痰

（　　　　　　　）不要（　　　　　）。

❸私の部屋に入ってはいけない。 ※入る＝进入

（　　　）（　　　）（　　　）（　　　　）。

❹焦らないで。 ※焦る＝着急

你（　　　）着急。

❺教室では大声で騒ぐな。 ※大声で騒ぐ＝大声喧哗

（　　　　　）不要（　　　　　　　　）。

❻課外活動に参加するには及びません。 ※課外活動＝课外活动

你（　　　）（　　　）课外活动。

語群

请	你	在这边	教室里	我房间	不	担心
吐痰	不能	不用	进入	别	参加	大声喧哗

答え

①（请）（你）（不）用（担心）。
②（在 这边）不要（吐痰）。
③（你）（不能）（进入）（我 房间）。
④你（别）着急。
⑤（教室 里）不要（大声喧哗）。
⑥你（不用）（参加）课外活动。

レッスン 25

「～しなければならない」義務、「～するはずだ」推測

私たちは中国に学ばなければならない。

ここでは能願動詞の中で「～しなければならない、～すべき」「～かもしれない、～にちがいない」という意味のものを学びましょう。

基本単語　まずは単語を覚えよう！

音声 65

中国語	読み方	日本の漢字にあてると	意味
□ 应该	インガイ yīng gāi	〔応該〕	～すべきだ 能願動詞
□ 得	デイ děi	〔得〕	～すべきだ・きっと～だろう 能願動詞
□ 该	ガイ gāi	〔該〕	～すべきだ・～するだろう 能願動詞
□ 要	ヤオ yào	〔要〕	～しなければならない・～するはずだ 能願動詞
□ 会	ホゥイ huì	〔会〕	～のはずだ 能願動詞
□ 能	ノン néng	〔能〕	～するだろう 能願動詞
□ 按时	アンシ àn shí	〔按時〕	時間どおり 副詞
□ 为了～	ウェイロ wèi le	〔為了〕	～のために 介詞
□ 了解	リャオジエ liǎo jiě	〔了解〕	理解する 動詞
□ 趟	タン tàng	〔―〕	行ったり来たりの数を数える 量詞
□ 向～	シャン xiàng	〔向〕	～に 介詞
□ 听～说	ティン～シュオ tīng ～ shuō	〔聴～説〕	～によると
□ 天气预报	ティエンチィユィバオ tiān qì yù bào	〔天気予報〕	天気予報 名詞

これだけ覚える！

ルール 52 「～しなければならない」の「应该(该)」「得」「要」

ニ　インガイ　アンシ　チ　ジョ ジョオン　ヤオ
Nǐ yīng gāi àn shí chī zhè zhǒng yào.

你 应该 按时 吃 这 种 药。

〔直訳〕あなた　しなければならない　時間どおり　飲む　この　種の　薬

あなたはこの薬を時間どおりに飲まなければならない。

ワンポイントアドバイス
「应该」は「该」だけでもよい。

ウェイロ　リャオジエ　ジョオングオ　ウォ　デイ　ダオ　ジョオングオチュイ　イタン
Wèi le liǎo jiě Zhōng guó wǒ děi dào Zhōng guó qù yí tàng.

为了 了解 中国，我 得 到 中国 去 一趟。

〔直訳〕～ために　理解する　中国　私　しなければならない　へ　中国　行く　一度

中国を理解するために、私は中国へ一度行かなければならない。

ウォメン　ヤオ　シャン　ジョオングオ　シュエシィ
Wǒ men yào xiàng Zhōng guó xué xí.

我们 要 向 中国 学习。

〔直訳〕私たち　しなければならない　に　中国　学ぶ

私たちは中国に学ばなければならない。

※「**应该**」「**该**」の否定文は、直前に「**不**」がつき「～すべきではない」となります。しかし「**得**」「**要**」を否定する場合は、「**不用**」を用います。「**不要～**」は一般的に「～してはいけない」という禁止の意味を示すため、「～すべきではない」の意味にはなりません（→ルール 50）。

ウォメン　ブゥ ヨン　シャン　ジョオングオ　シュエシィ
Wǒ men bú yòng xiàng Zhōng guó xué xí.

我们 不用 向 中国 学习。

私たちは中国に学ぶ必要はありません（学ぶには及びません）。

これだけ覚える！

ルール53 「～するはずだ」の「会」「能」「要」「得」「该」

「～するはずだ」「～にちがいない」「～かもしれない」という意味を示す能願動詞はこの５つです。これらは多義語で、これまで別の意味の能願動詞として学んできたものばかりですので、混乱しないように注意しましょう。

シャ　ジョモ　ダシュエ　タ　ホゥイ　(ノン)　グオライ　マ
Xià zhè me dà xuě, tā huì (néng) guò lai ma?

下 这么 大雪, 她 会(能) 过来 吗?

〔直訳〕降る　こんな　大雪　彼女　だろう　やって来る　か

こんな大雪が降っても、彼女はやって来るだろうか？

ティンティエンチィユィバオ　シュオ　ミンティエン　ヤオ　シャ　ユィ
Tīng tiān qì yù bào shuō, míng tiān yào xià yǔ.

听 天气预报 说, 明天 要 下 雨。

〔直訳〕～によると　天気予報　言う　明日　はずだ　降る　雨

天気予報によると、明日は雨が降るはずだ。

> **ワンポイントアドバイス**
> 「要」は「会」「能」より主観的なニュアンスがあります。「得」は５つの中で最も断定的なニュアンスがあります。

能願動詞の否定文

これら５つの能願動詞の否定文は、多義語であるため、直前に「**不**」をつけるのではなく、すべて「**不会**」という表現で言い表します。

シジィエン　ブゥ　ザァオ　ロ　タ　ブゥホゥイ　ライ　ウォ　ジャ　ロ
Shí jiān bù zǎo le, tā bú huì lái wǒ jiā le.

时间 不 早 了, 她 不会 来 我 家 了。

〔直訳〕時間　ない　早い　した　彼女　するはずがない　来る　私　家　した

遅い時間になったので、彼女は私の家に来ないでしょう。

ミニトレーニング 〔　〕内の単語を並べかえて、中国語を完成させましょう。

❶君はバーに行くべきではない。　※バー＝酒吧
〔你　酒吧　去　应该　不〕
（　　　　　　　　　　　　　）。

❷先生の話では、あなたは大学に合格するはずだ。　※大学に合格する＝考上大学
〔老师　说　听　你，考上大学　会〕
（　　　　　　　　　　　　　）。

❸こんなに大雨が降ったから、彼は来ないでしょう。
〔这么　大雨　下　了　他　过来，会　不〕
（　　　　　　　　　　　　　）。

❹私は図書館へ一度行かなくてはならない。
〔我　图书馆　一趟　去　得〕
（　　　　　　　　　　　　　）。

❺この薬を飲むには及びません。
〔你　这种药　吃　用　不〕
（　　　　　　　　　　　　　）。

❻明日レポートを出さなくてはならない。
〔明天　我　报告书　交　要〕
（　　　　　　　　　　　　　）。

答え

① 你 不 应该 去 酒吧
② 听 老师 说，你 会 考上大学
③ 下 这么 大雨 了，他 不 会 过来
④ 我 得 去 一趟 图书馆
⑤ 你 不 用 吃 这种药
⑥ 明天 我 要 交 报告书

会話を聞いて復習！⑤

音声67

レッスン21からレッスン25まででで学習した文法事項を含む会話文を聞いて、156ページ[I]～[III]の問題に答えましょう。

宮野

我（ ① ）去中国留学。
私は中国へ留学に行きたいです。

张晓飞

你（ ② ）学习什么内容？
あなたはどんなことを勉強したいですか？

㋐**我打算学习民族学。**
（ ㋐ ）
㋑**在民族大学可以用蒙语吗？**
（ ㋑ ）

在蒙文系可以用蒙语，但是别的系不能用。你（ ③ ）说蒙语吗？
モンゴル語学科ではモンゴル語が使えますが、ほかの科では使えません。あなたはモンゴル語が話せますか？

在日本读书的时候，我学过一点儿蒙语。我想学蒙古族的文化。
日本で勉強していたとき、私はモンゴル語を少し学んだことがあります。私はモンゴル族の文化を学びたいです。

是吗？ ㋒我有蒙古族的老朋友。
そうですか。（　　　　㋒　　　　）

太好了。
㋓你可以不可以给我介绍一下？
大変いいですね。
（　　　　㋓　　　　）

好的。没问题。请放心（ ④ ）。
いいですよ。大丈夫。心配しないでください。

谢谢你。ありがとう。

不（ ⑤ ）谢。咱们是朋友嘛。
どういたしまして。私たちは友だちですから。

新出単語

蒙语〔Měng yǔ モンユィ〕モンゴル語 **名詞**

嘛〔ma マ〕～じゃないか（当然そうなるべきだという気持ちを言い表す）**助詞**

問題 154、155ページの会話を聞いて、次の質問に答えましょう。

I （①）から（⑤）に入る語を漢字1字で書きましょう。

①	②	③	④	⑤

II 下線部㋐から㋓までを日本語に訳しましょう。

㋐

㋑

㋒

㋓

III 次のAからEまでの中国語を日本語に訳しましょう。

A　你应该按时吃饭。

B　听天气预报说，后天要下雪。

C　教室里不要抽烟。

D　你会说汉语。

E　你不用担心。

答え

Ⅰ

①想　②要　③会　④吧　⑤用

Ⅱ

㋐　私は民族学を学ぶつもりです。
㋑　民族大学ではモンゴル語が使えますか？
㋒　私はモンゴル族の古くからの友だちがいます。
㋓　私に彼をちょっと紹介してくれますか？

Ⅲ

A　あなたは時間どおりご飯を食べなければなりません。
B　天気予報によると、明後日は雪が降るでしょう。
C　教室でたばこを吸ってはいけません。
D　あなたは中国語が話せます。
E　心配しないでくださいね。

ワンポイントアドバイス

2つあるいは2つ以上の文が、意味上のつながりを持って1つになった文を複文といいますが、前後の意味が逆接である場合、「虽然 suī rán ～但是 dàn shì…（～だけれども…）」というフレーズをよく使います。
※「虽然～但是…」もどちらかひとつだけで、その意味を示すことができます。
姜峰 虽然 个子 高，但是 胆子 很 小。
姜峰くんは背は高いけれども、肝っ玉がとても小さい。

レッスン 26

比較の表現

彼は私より2歳年上だ。

ここでは、「AはBより～だ」のように2つの差を言い表す表現、「AとBは同じである」という表現を学びます。

基本単語 まずは単語を覚えよう！ 音声68

中国語	読み方	日本の漢字にあてると	意味
□ 大	ダ dà	〔大〕	年上である 形容詞
□ 比	ビ bǐ	〔比〕	～より 介詞
□ 得多	ドドゥオ de duō	〔得多〕	ずっと
□ 一样	イヤン yí yàng	〔一様〕	同じ 形容詞
□ 看法	カンファ kàn fǎ	〔看法〕	考え方 名詞
□ 语法	ユィファ yǔ fǎ	〔語法〕	文法 名詞
□ 发音	ファイン fā yīn	〔発音〕	発音 名詞
□ 男孩子	ナンハイズ nán hái zi	〔男孩子〕	男の子 名詞
□ 女孩子	ニュイハイズ nǚ hái zi	〔女孩子〕	女の子 名詞
□ 高	ガオ gāo	〔高〕	背が高い 形容詞
□ 尼康	ニカン Ní kāng	〔尼康〕	ニコン 固有名詞
□ 佳能	ジャノン Jia nèng	〔佳能〕	キヤノン 固有名詞
□ 钢笔	ガンビ gāng bǐ	〔鋼筆〕	ペン 名詞

これだけ覚える！

音声 69

ルール54 「A 比 B ～」A は B より～

「比」は介詞（前置詞）で、A と B を比較する働きがあります。「～」の部分には比較した結果を示す形容詞などがきます。

A 比 B ～　A は B より～

タ　ビ　ウォ　ダ　リャンスェイ
Tā bǐ wǒ dà liǎng suì.

他 比 我 大 两岁。

〔直訳〕彼　より　私　年上である　2 歳

彼は私より 2 歳年上だ。

※比較の表現では、上の文のように、「**大**」（年上である）という形容詞の後ろに、その差を具体的に示す数量をつけることができます。

A 比 B ～得多　A は B よりずっと～

タ　ビ　ウォ　ダ　ドドゥオ
Tā bǐ wǒ dà de duō.

她 比 我 大 得多。

〔直訳〕彼女　より　私　年上である　ずっと

彼女は私よりずっと年上だ。

ワンポイントアドバイス
その差が小さいことを表したい場合は、「得多」のかわりに「一点儿（少し）」「一些（いくらか）」を置きます。
他比我大一点儿。（彼は私より少し年上である）

※何歳年上かはっきりしないが、その差が大きいことを表したい場合、「**很**」「**非常**」という副詞は使えません。形容詞の後ろに「**得多**」を置きます。

◆否定文

A 没有 B ～　A は B より～ではない

タ　メイヨウ　ウォ　ダ
Tā méi yǒu wǒ dà.

她 没有 我 大。

〔直訳〕彼女　より～ではない　私　年上である

彼女は私より年上ではない。

※比較の文を否定する場合は、「**比**」のかわりに「**没有**」を置きます。

これだけ覚える！

ルール55 「A跟B一样」AとBは同じである

「AとBは同じである」と言う場合に、この構文を使います。AとBには、名詞だけでなく、動詞、動詞句（V＋O）、主述句（S＋V）などを置くこともできます。

ウォ　マイ　ゲン　ニ　マイ　イヤン
Wǒ mǎi gēn nǐ mǎi yí yàng.
我 买 跟 你 买 一样。
〔直訳〕私 買う と あなた 買う 同じ
私が買うのとあなたが買うのとは同じです。

◆否定文

A跟B不一样　**AとBは同じではない**

この構文の否定文は「一样」の前に「不」を置きます。

シュエ ルィユィ ド ユィファ ゲン シュエ ハンユィ ド ファイン ブゥ イヤン
Xué Rì yǔ de yǔ fǎ gēn xué Hàn yǔ de fā yīn bù yí yàng.
学日语的语法跟学汉语的发音不一样。
〔直訳〕学ぶ 日本語 の 文法 と 学ぶ 中国語 の 発音 ない 同じ
日本語の文法を学ぶのと中国語の発音を学ぶのとは同じではない。

◆疑問文

A跟B一样不一样？　**AとBは同じですか？**

この構文の疑問文は、文末に「吗」を置くか「一样」を反復させる形の２通りの言い方があります。

ニ ド カンファ ゲン ウォ ド イヤン ブゥ イヤン
Nǐ de kàn fǎ gēn wǒ de yí yàng bu yí yàng?
你的看法跟我的一样不一样？
〔直訳〕あなた の 考え方 と 私 の 同じ ない 同じ
あなたの考え方と私のは同じですか？

ミニトレーニング （　　）の中に、語群から単語を選んで入れ、中国語の文章を完成させましょう。

❶この男の子はあの女の子より 2 歳年下だ。
这个 男孩子（　　　）那个 女孩子 小 两岁 。

❷兄は妹ほど背が高くない。
哥哥（　　　　）妹妹 高 。

❸ニコンのカメラはキヤノンのカメラよりずっと高い。
尼康 的 照相机 比 佳能 的 贵（　　　　）。

❹李さんは山田さんより少し年上です。
小李 比 山田（　　　）一点儿 。

❺中国語を学ぶのと英語を学ぶのは同じではない。
学 汉语 跟 学 英语 不（　　　　）。

❻私のペンとあなたのは同じです。
我 的 钢笔（　　　）你 的 一样 。

語群

一样　跟　没有　大　得多　比

答え

①这个 男孩子（比）那个 女孩子 小 两岁。
②哥哥（没有）妹妹 高。
③尼康 的 照相机 比 佳能 的 贵（得多）。
④小李 比 山田（大）一点儿。
⑤学 汉语 跟 学 英语 不（一样）。
⑥我 的 钢笔（跟）你 的 一样。

レッスン27 「～してください」依頼、「～させる」使役

どうぞお茶を飲んでください。

中国語は、S（主語）＋V（動詞）＋O（目的語）と英語のような語順で並びます。例えば、「**妈妈**（S）**叫**（V）**我**（O）」といえば、「お母さんは私に言いつける」という意味になります。この文の「**我**」の後ろに「中国語を勉強する」というフレーズをつけ加えると、「**妈妈**（S）**叫**（V）**我**（O／S）**学习**（V）**汉语**（O）」となり、「お母さんは私に中国語を勉強させる」という意味になります。目的語にあたる「**我**」は、後に続くフレーズの主語の役割も果たしています。2つの役割を兼ねていることから、このような文を「兼語文」といいます。

基本単語 まずは単語を覚えよう！ 音声70

中国語	読み方	日本の漢字にあてると	意味
□ 请	チン qǐng	〔請〕	どうぞ（～してください）・～してもらう 動詞
□ 求	チュウ qiú	〔求〕	～してもらう 動詞
□ 吧	バ ba	〔—〕	語調をやわらげる 助詞
□ 东西	ドォン シィ dōng xi	〔東西〕	品物 名詞
□ 吃饭	チファン chī fàn	〔喫飯〕	食事する 動詞
□ 叫	ジャオ jiào	〔叫〕	言いつけて～させる 動詞
□ 让	ラン ràng	〔譲〕	～させる 動詞
□ 使	シ shǐ	〔使〕	～させる 動詞 ※状態が変化させられたときに使う（静かにさせる、がっかりさせる　など）
□ 西瓜	シィグァ xī guā	〔西瓜〕	すいか 名詞
□ 态度	タイドゥ tài du	〔態度〕	態度 名詞
□ 满意	マンイ mǎn yì	〔満意〕	満足する 動詞

これだけ覚える！

音声 71

ルール56 中国語のPleaseは「请」

「请」は、敬語表現の少ない中国語で、簡単に丁寧な表現ができる便利な語です。単独で用いて「请」と言えば、「どうぞ」という意味になります。「どうぞどうぞ」と言いたい場合は、「请请」と２つ重ねます。「请」は「どうぞ」を意味する表現のほかに、依頼を示す兼語文をつくることもできます。

请＋（代名詞）＋動詞＋（目的語）＋吧

どうぞ（だれだれさん）（動詞フレーズ）してください

チン　ニ　ホ　チャ　バ
Qǐng nǐ hē chá ba.

请（你）喝 茶（吧）。 動詞フレーズ

〔直訳〕どうぞ　あなた　飲む　お茶　ください

どうぞお茶を飲んでください。

S（主語）＋请＋目的語／主語＋V（動詞）＋O（目的語）

Sが～にOをVさせる

ラオシ　チン　ウォメン　チファン　ロ
Lǎo shī qǐng wǒ men chī fàn le.

老师 请 我们 吃饭 了。 目的語が主語を兼ねる

〔直訳〕先生　させる　私たち　ご飯を食べるした

先生は私たちにごちそうしてくれました。

◆「请」と同じような意味で、兼語文をつくることができる動詞に、「求」（～することを頼む）、「派」（派遣して～させる）などがあります。

ウォ　チュウ　ママ　チュイ　マイ　ドォン シィ
Wǒ qiú mā ma qù mǎi dōng xi.

我 求 妈妈 去 买 东西。

私～することを頼むお母さん　行く　買う　品物

私はお母さんに買い物に行ってもらった。

ワンポイントアドバイス

「買いに行く」という中国語は、「去买」（行く・買う）のように、日本語と逆の語順になります。

これだけ覚える！

ルール57 使役のトリオ「使」「让」「叫」

「**使**」「**让**」「**叫**」は、「**使**」「**让**」「**叫**」＋目的語＋動詞…の形で「(目的語) に (動詞) させる」という使役の文章をつくることができます。

S＋「使」「让」「叫」＋目的語＋動詞…

Sは (目的語) に (動詞) させます

バパ ジャオ ウォ チュイ マイ シィグァ
Bà ba jiào wǒ qù mǎi xī guā.
爸爸 叫 我 去 买 西瓜。
〔直訳〕お父さん させる 私 行く 買う すいか
お父さんは私にすいかを買いに行かせた。

◆否定文は「**使**」「**让**」「**叫**」の前に「**不**」を置きます。

ママ ブゥ ラン ウォ チュイ マイ シィグァ
Mā ma bú ràng wǒ qù mǎi xī guā.
妈妈 不 让 我 去 买 西瓜。
〔直訳〕お母さん ない させる 私 行く 買う すいか
お母さんは私にすいかを買いに行かせなかった。

◆疑問文は、文末に「**吗**」をつけます。反復疑問文の場合は、「**使**」「**让**」「**叫**」を反復させます。

ママ ラン ブゥ ラン ウォ チュイ マイ シィグァ
Mā ma ràng bu ràng wǒ qù mǎi xī guā?
妈妈 让 不 让 我 去 买 西瓜？
〔直訳〕お母さん させる させない 私 行く 買う すいか
お母さんは私にすいかを買いに行かせますか？

◆「**使**」と「**让**」「**叫**」は同じような意味で使われますが、「**使**」はやや堅苦しい言い方で、感覚や状態を表す形容詞と結びつきます。

ウォ ド タイドゥ シ バパ マンイ
Wǒ de tài du shǐ bà ba mǎn yì.
我 的 态度 使 爸爸 满意。
〔直訳〕私 の 態度 させる お父さん 満足する
私の態度はお父さんを満足させた。

ミニトレーニング **下の語群から漢字１字を選んで（　　）内に入れ、中国語を完成させましょう。**

❶どうぞお座りください。
（　　　　）坐。

❷王さんは私に中華料理をごちそうしてくれた。
小王（　　　　）我　吃　中国菜。

❸お母さんは私に雑誌を買いに行かせた。
妈妈（　　　　）我　去　买　杂志。

❹このニュースはみんなをがっかりさせた。（感覚にさせる）
这　个　消息（　　　　）大家　失望。

❺医者は西洋の薬を私に飲ませますか？
大夫　让（　　　　）让　我　吃　西药？

※大夫＝医者、西药＝西洋の薬

語群

请　　不　　让　　使

答え

①（请）坐。　②小王（请）我 吃 中国菜。　③妈妈（让）我 去 买 杂志。
④这 个 消息（使）大家 失望。　⑤大夫 让（不）让 我 吃 西药?

レッスン 28

受け身の表現

私の自転車は泥棒に盗まれた。

このレッスンでは、「**被**」「**叫**」「**让**」などの介詞（前置詞）を用いた受け身の表現を学びます。「**叫**」「**让**」はレッスン 27 でも使役の動詞として登場しましたので、混乱しないようにしましょう。

基本単語 まずは単語を覚えよう！ 音声 72

中国語	読み方	日本の漢字にあてると	意味
□ 被	ベイ bèi	〔被〕	～によって 介詞
□ 让	ラン ràng	〔讓〕	～によって 介詞
□ 叫	ジャオ jiào	〔叫〕	～によって 介詞
□ 小偷儿	シャオトウル xiǎo tōur	〔小偸児〕	泥棒 名詞
□ 偷	トウ tōu	〔偸〕	盗む 動詞
□ 走	ゾォウ zǒu	〔走〕	行く 動詞
□ 批评	ピピン pī píng	〔批評〕	叱る 動詞
□ 出差	チュチャイ chū chāi	〔出差〕	出張する 動詞
□ 有事	ヨウシ yǒu shì	〔有事〕	用事がある 動詞
□ 打碎	ダスェイ dǎ suì	〔打砕〕	割る 動詞
□ 窗户	チュアンフゥ chuāng hu	〔窓戸〕	窓 名詞
□ 杯子	ベイズ bēi zi	〔杯子〕	コップ 名詞
□ 说服	シュオフゥ shuō fú	〔説服〕	説得する 動詞

これだけ覚える！

音声 73

ルール 58 S（される側）＋ 被・让・叫 ＋ 人・もの（する側）＋ V（動詞）　される側（S）はする側（人・もの）に〜される（V）

「**被**」は文章に多く用いられ、「**让**」「**叫**」は話し言葉としてよく使われます。

ウォ ド ズシンチョ ベイ シャオトウル トウ ゾォウ ロ
Wǒ de zì xíng chē bèi xiǎo tōur tōu zǒu le.

我 的 自行车 被 小偷儿 偷 走 了。

〔直訳〕私 の 自転車 される 泥棒 盗む 行く した

私の自転車は泥棒に盗まれた。

※「**被**」はもともと「**被害**」の意味が強く、後に続く動詞はよくないニュアンスを含みます。また、1語だけの動詞では落ち着きが悪く、必ず2語の動詞か、動詞を2つ重ねたものが使われます。そのため、下の文は中国語としておかしな言い方とされます。

× **我 的 车 被 骑 了。**

↓

ウォ ド チョ ベイ （レン） チィ ゾォウ ロ
Wǒ de chē bèi (rén) qí zǒu le.

○ **我的车被（人）骑走了。**

〔直訳〕私 の 自転車 される （人） 乗る 行く した

私の自転車は乗って行かれた。

> **ワンポイントアドバイス**
> 「骑车」と言うと自転車に乗る意味になります。「坐车 zuò chē」と言うと自動車に乗る意味になります。

※一般に「**让**」「**叫**」はする側の部分を抜かして直接動詞につなげることはできません。そのため、上の文で「**让**」「**叫**」を使う場合は、する側の部分に「人」を入れなければなりません。「**被**」は、する側がわかりきった一般的な「人」の場合、省略できます。

これだけ覚える！

ルール59 能願動詞や副詞は「被」の前に置く

副詞（否定など）、能願動詞などと組み合わせて受け身の表現をつくる場合、これらはすべて「被」の前に置きます。この語順は大切です。

ウォ　ド　ズシンチョ　メイ　ベイ　タ　トウ　ゾォウ
Wǒ de zì xíng chē méi bèi tā tōu zǒu.
我 的 自行车 没 被 他 偷 走。
〔直訳〕私 の 自転車 ない される 彼 盗む 行く
私の自転車は彼に盗まれなかった。

シャオリ　ブゥホゥイ　ベイ　ラオシ　ピピン
Xiǎo Lǐ bú huì bèi lǎo shī pī píng.
小李 不会 被 老师 批评。
〔直訳〕李さん ないはずだ される 先生 叱る
李さんは先生に叱られるはずはない。

※ルール57（p.164）ですでに学んだように、「**让**」「**叫**」は「**使**」とともに使役の意味にもなります。形が似ているので注意しましょう。使役の場合、「**让**」「**叫**」「**使**」は動詞ですが、受け身の場合、「**被**」「**让**」「**叫**」は「～によって」という意味の介詞（前置詞）です。

※使役の文の否定も、受け身同様、副詞・能願動詞などは、「**让**」「**叫**」「**使**」の前に置きます。

タ　ヨウシ　ウォメン　ブゥノン　ジャオ　タ　ダオ　ルィベン　チュチャイ
Tā yǒu shì, wǒ men bù néng jiào tā dào Rì běn chū chāi.
他 有事，我们 不能 叫 他 到 日本 出差。
〔直訳〕彼 用事がある 私たち できない させる 彼 へ 日本 出張する
彼は用事があるから、私たちは彼を日本へ出張させることができない。

ミニトレーニング 〔　　〕内の単語を並べかえて、中国語を完成させましょう。

❶私は先生に叱られた。〔老师　我　被　了　批评〕

（　　　　　　　　　　　　　　　）。

❷彼女の財布は泥棒に盗まれた。〔的 钱包 了 小偷儿 偷走 她 叫〕

（　　　　　　　　　　　　　　　）。

❸コップは王君に割られた。〔被 杯子 打碎 小王 了〕

（　　　　　　　　　　　　　　　）。

❹窓は息子に割られるであろう。〔被 会 窗户 打碎 的 儿子〕

（　　　　　　　　　　　　　　　）。

❺お母さんはお兄さんにテレビを見せてあげない。
〔不　妈妈　哥哥　电视　让　看〕

（　　　　　　　　　　　　　　　）。

❻彼は私に説得された。〔让　了　我　说服　他〕

（　　　　　　　　　　　　　　　）。

答え

① 我 被 老师 批评 了
② 她 的 钱包 叫 小偷儿 偷走 了
③ 杯子 被 小王 打碎 了
④ 窗户 会 被 儿子 打碎 的
⑤ 妈妈 不 让 哥哥 看 电视
⑥ 他 让 我 说服 了

レッスン 29 補語の使い方①（程度補語と様態補語）

あなたのお姉さんはとてもきれいだ。

中国語は「とても～だ」などの補語が発達した言語です。補語とは字のとおり、動詞・形容詞の後ろに置いて、その補足説明をする語句のことをいいます。このレッスンでは、「(形容詞) ～で仕方がない」(程度補語) と「(動詞) するのが～」(様態補語) という2つの補語について学びます。

基本単語 まずは単語を覚えよう！ 音声74

中国語	読み方	日本の漢字にあてると	意味
□ 得	ド de	〔得〕	補語を導く 助詞
□ ～得慌	ド ホアン de huang	〔得慌〕	すごく～だ
□ ～极了	ジィロ jí le	〔極了〕	すごく～だ 補語
□ 闲	シィエン xián	〔閑〕	暇である 形容詞
□ 整齐	ジョンチィ zhěng qí	〔整斉〕	整っている 形容詞
□ 流利	リィウリ liú lì	〔流利〕	流ちょうだ 形容詞
□ 好看	ハオカン hǎo kàn	〔好看〕	きれいだ 形容詞
□ 清楚	チンチュ qīng chu	〔清楚〕	はっきりしている 形容詞
□ 又	ヨウ yòu	〔又〕	また 副詞 ※又～又…～であり…である
□ 发展	ファジャン fā zhǎn	〔発展〕	発展する 動詞
□ 不可开交	ブゥコォカイジャオ bù kě kāi jiāo	〔不可開交〕	てんてこ舞い 成語
□ 巧	チャオ qiǎo	〔巧〕	ちょうどうまい具合に 形容詞

これだけ覚える！

音声75

ルール60 「形容詞＋得＋～」（程度補語）

「～」の部分に形容詞の程度を表現する「**很**」（とても）、「**慌**」（すごく～だ）などの語がくる言い方です。

形容詞＋得很 すごく～だ

ニ　ジエジエ　ハオカン　ド　ヘン
Nǐ　jiě jie　hǎo kàn　de　hěn.
你　姐姐　好看　得　很。
〔直訳〕あなた　姉　きれい　すごく～だ
あなたのお姉さんはとてもきれいだ。

形容詞＋得慌 すごく～だ

ウォ　シィエン　ド　ホアン
Wǒ　xián　de　huang.
我　闲　得　慌。
〔直訳〕私　暇である　すごく～だ
私は暇で仕方がない。

形容詞＋极了 すごく～だ

ウォ　シィエン　ジィロ
Wǒ　xián　jí le.
我　闲　极了。
〔直訳〕私　暇である　すごく～だ
私は暇で仕方がない。

※「**～极了** jí le」は「**得**」をつけずに程度補語をつくることができます。
※程度補語「形容詞＋得＋～」の「～」の部分には、このほか程度が甚だしいことを示す「**要死** yào sǐ（ひどく～だ）」「**要命** yào mìng（ひどく～だ）」「**厉害** lì hai（ひどい）」「**多** duō（ずっと）」などの語がきます。

これだけ覚える！

ルール61 「動詞・形容詞＋得＋～」（様態補語）

動詞・形容詞の後ろに「得～」という補語をつけることにより、この動詞・形容詞の様態を具体的に説明します。

タ　シエ　ド　ハンズ　シエ　ド　ヘン　ジョンチィ
Tā xiě de Hàn zì xiě de hěn zhěng qí.

他写的汉字写得很整齐。

〔直訳〕彼　書く　の　漢字　書く　（とても）整っている　お飾りの很

彼が書いた漢字は整って書かれている。

※「**得**…」の後ろにくる形容詞が性質を示すものの場合、ふつうの形容詞述語文（p.101）と同じように、お飾りの「**很**」や副詞（非常、特別など）を形容詞の前につけなくてはなりません。

V＋O＋V＋得＋～　動詞に目的語がある場合

様態補語を目的語を伴う動詞に続ける場合（下の例文の「**说**（V）**日语**（O）」）、動詞を下の文のように２回繰り返さなければなりません。

ニ　シュオ　ルィユィ　シュオ　ド　ヨウ　リィウリ　ヨウ　チンチュ
Nǐ shuō Rì yǔ shuō de yòu liú lì yòu qīng chu.

你说日语说得又流利又清楚。

〔直訳〕あなた　話す　日本語　話す　また　流ちょうである　また　はっきりしている

あなたの話す日本語は流ちょうではっきりしている。

※様態補語を否定する場合は、補語の前に「**不**」を置きます。

你说日语说得不流利。

あなた　話す　日本語　話す　ない　流ちょうである

あなたの話す日本語は流ちょうではない。

ミニトレーニング　〔　　〕内の単語を並べかえて、中国語を完成させましょう。

❶私はうれしくて仕方がない。〔得 高兴 很〕

我（　　　　　　　　　）。

❷北京の発展はとても速い。〔得 非常 发展 快〕

北京（　　　　　　　　　）。

❸文字ははっきりと書いていない。〔得 清楚 写 不〕

字（　　　　　　　　　）。

❹私たちは忙しくててんてこ舞いだ。〔忙 不可开交 得〕

我们（　　　　　　　　　）。

❺先生が話す中国語はとても速い。〔很 快 说 汉语 得 说〕

老师（　　　　　　　　　）。

❻彼女は時間どおりに来た。〔巧 得 来〕

她（　　　　　　　　　）。

答え

① 高兴 得 很　② 发展 得 非常 快
③ 写 得 不 清楚　④ 忙 得 不可开交
⑤ 说 汉语 说 得 很 快　⑥ 来 得 巧

レッスン 30

補語の使い方②（結果補語と方向補語）

私は中国人の話が聞いてわかりました。

「何かをした結果、どうなった」というとき、「どうなった」という結果を示す部分を結果補語といいます。「～の方向へ、どうする」のように動作の方向を示す部分を方向補語といいます。

基本単語　まずは単語を覚えよう！　音声76

中国語	読み方	日本の漢字にあてると	意味
□ 听	ティン tīng	〔聴〕	聞く 動詞
□ 懂	ドォン dǒng	〔懂〕	わかる 動詞 補語
□ 会	ホゥイ huì	〔会〕	習得する 動詞 補語
□ 见	ジィエン jiàn	〔見〕	感じ取る 動詞 補語
□ 完	ワン wán	〔完〕	終わる 動詞 補語
□ 到	ダオ dào	〔到〕	達成する 動詞 補語
□ 走	ゾォウ zǒu	〔走〕	元の場所から離れる 動詞
□ 住	ジュ zhù	〔住〕	しっかりと固定させる 動詞
□ 带	ダイ dài	〔帯〕	持つ 動詞
□ 记	ジィ jì	〔記〕	覚える 動詞
□ 找	ジャオ zhǎo	〔—〕	探す 動詞
□ 修理	シュウリ xiū lǐ	〔修理〕	直る 動詞
□ 地址	ディジ dì zhǐ	〔地址〕	住所 名詞

これだけ覚える！

音声 77

ルール62 「V+結果補語(動詞)」Vして～になる

例えば「聞く（听）→わかる（懂）」からなる「听懂」という文は、「听」の結果「懂」となったことを表しています。

ウォ ティン ドォン ジョオングオレンシュオ ド ホァ ロ
Wǒ tīng dǒng Zhōng guó rén shuō de huà le.

我 听 懂 中国人 说 的 话 了。

〔直訳〕私 聞く わかる 中国人 話す の 話 した

私は中国人の話が聞いてわかりました。

結果補語となり得る動詞

結果補語となり得る動詞は限られています。代表的なものとして、「懂」「会」「见」「完」「到」「走」「住」などがあります。それらの例文を紹介します。

看懂（見てわかる） 我 看懂 毕加索的画了。
※毕加索 Bì jiā suǒ ＝ピカソ（私はピカソの絵を見てわかりました。）

学会（学んで習得する） 你 学会 开车了吗？
※开车 kāi chē ＝運転する（あなたは車の運転をマスターしましたか？）

听见（聞こえる）／看见（見える） 我 听见 小鸟的声音了。
※小鸟 xiǎo niǎo ＝小鳥（小鳥の鳴き声が聞こえました。）

写完（書き終わる） 我 写完 毕业论文了。
※毕业论文 bì yè lùn wén ＝卒業論文（私は卒業論文を書き終えました。）

找到（見つかる） 你 找到 办公室了吗？
※办公室 bàn gōng shì ＝事務所（あなたは事務所を探し当てましたか？）

带走（持って行く） 我把雨伞 带走 了。
※雨伞 yǔ sǎn ＝傘（私は傘を持って行きました。）

记住（覚える） 我都 记住 那些生词了。
※生词 shēng cí ＝新出単語（私はそれらの新出単語をみんな覚えました。）

結果補語の否定文

	ウォ	ハイ	メイ	シュエ	ホゥイ	シュオ	ハンユィ	
	Wǒ	hái	méi	xué	huì	shuō	Hàn yǔ.	
	我	还	没	学	会	说	汉语	。
〔直訳〕	私	まだ	ない	学ぶ	習得する	話す	中国語	

私はまだ中国語を話すことができるようになっていません。

※結果補語の否定は、「まだその結果は達成できていない」という意味になります。一般に「**不**」ではなく「**没**（**有**）」を使います。

これだけ覚える！

ルール 63 「V＋結果補語（形容詞）」 Vして〜の状態になる

あることをした結果、こういう状態になったという結果補語には形容詞を用います。

	ウォ	ド	ズシンチョ	イジン	シュウリ	ハオ	ロ	マ
	Wǒ	de	zì xíng chē	yǐ jing	xiū lǐ	hǎo	le	ma?
	我	的	自行车	已经	修理	好	了	吗？
〔直訳〕	私	の	自転車	もう	直る	よい	した	か

私の自転車はもうちゃんと直りましたか？

結果補語の疑問文

ふつうの疑問文のように語尾に「**吗**」をつけます。

	ウォ	シエ	ド	ズ	カン	チンチュ	ロ	マ
	Wǒ	xiě	de	zì	kàn	qīng chu	le	ma?
	我	写	的	字	看	清楚	了	吗？
〔直訳〕	私	書く	の	字	見る	はっきりとしている	した	か

私の書いた字ははっきり見えるようになりましたか？

結果補語の反復疑問文

ニ　ジィジュ　タ　ド　ディジ　ロ　メイヨウ
Nǐ jì zhù tā de dì zhǐ le méi yǒu?

你记住他的地址了没有？

〔直訳〕あなた　覚える しっかりと　彼　の　住所　した　か

あなたは彼の住所を覚えましたか？

※結果補語の動詞が目的語（上の例文では「**他的地址**」）を伴う場合、目的語は結果補語の後ろに置きます。

これだけ覚える！

音声 78

ルール 64 「V（動詞）＋去／来」 ～して行く／して来る

V（動詞）＋方向を示す8つのV（動詞）

最も基本的な方向補語は、「**去**」と「**来**」です。例えば「**回 来**」（帰って来る）「**回 去**」（帰って行く）というように、動詞（ここでは「**回**＝帰る」）の直後について、その方向を表します。「**来**」「**去**」以外に、下の8つの動詞も方向補語になることができます。

上	下	进	出	回	过	起	开
shàng	xià	jìn	chū	huí	guò	qǐ	kāi
上がる	下がる	入る	出る	戻る	過ぎる	起きる	離れる

「**爬 上** pá shàng」（登って上がる）　「**走 进** zǒu jìn」（入って行く）

これだけ覚える！

ルール65 「V(動詞)＋8つの方向補語＋去／来」

方向補語の構文として、８つの方向補語と「**去**」や「**来**」を重ねる言い方もあります。

タ　パオ　チュ　チュイ
Tā pǎo chū qu.
她 跑 出 去。
〔直訳〕彼女 走る 出る 行く
彼女は走って出て行った。

S（主語）＋（V）＋V（8つの方向補語）＋O（目的語）＋去／来

ウォ　シャン　パ　シャン　ドォンジンタ　チュイ
Wǒ xiǎng pá shàng Dōng jīng tǎ qu.
我 想 爬 上 东京塔 去。
〔直訳〕私 したい 登る 上がる 東京タワー 行く
私は東京タワーに登ってみたい。

※この構文で目的語が伴う場合は、「**去**」や「**来**」の前に置きます。

方向補語の否定文

タ　メイ　パオ　チュ　チュイ
Tā méi pǎo chū qu.
她 没 跑 出 去。
〔直訳〕彼女 ない 走る 出る 行く
彼女は走って出て行かなかった。

※方向補語の否定文は「**不**」ではなく「**没**」を使います。

ミニトレーニング 〔　　〕内の単語を並べかえて、中国語を完成させましょう。

❶私はテレビを見終わったら日本語を勉強する。
〔我　电视　日语　学习　看　完〕
（　　　　　　　　　　　　　）。

❷部屋の鍵は見つかりましたか？　※鍵＝钥匙
〔房间　的　钥匙　了　吗　找　到〕
（　　　　　　　　　　　　　）？

❸先生の声が小さくて、はっきり聞こえなかった。
〔老师　清楚　的　声音 小　我　没　听　很，〕
（　　　　　　　　　　　　　）。

❹彼女は出て行った。
〔走　去　她　了　出〕
（　　　　　　　　　　　　　）。

❺彼は 2 階に上がって来る。
〔走　他　二楼　上　来〕
（　　　　　　　　　　　　　）。

❻私はカメラを持って行かなかった。
〔带　没　我　去　照相机〕
（　　　　　　　　　　　　　）。

答え

① 我 看 完 电视 学习 日语
② 房间 的 钥匙 找 到 了 吗
③ 老师 的 声音 很 小，我 没 听 清楚
④ 她 走 出 去 了
⑤ 他 走 上 二楼 来
⑥ 我 没 带 照相机 去

会話を聞いて復習！⑥

音声 79

レッスン26からレッスン30までで学習した文法事項を含む会話文を聞いて、182ページ[Ⅰ]～[Ⅲ]の問題に答えましょう。

马强

圣诞节过（ ① ）怎么样？
クリスマスはどう過ごしましたか？

成田

㋐圣诞节过得很愉快。
我女儿自己做蛋糕了。
（　　　㋐　　　）
私の娘が自分でケーキをつくりました。

她做蛋糕（ ② ）得怎么样？
彼女のケーキづくりの腕前はどうですか？

味道不错。
㋑我觉得女儿做菜做得比我爱人好。
味はよかったです。
（　　　　　　㋑　　　　　　）

日本的圣诞节有没有送礼品的习惯？
日本のクリスマスにはプレゼントをする習慣がありますか？

有。
我儿子送给我一（ ③ ）数码照相机。
ありますよ。
私の息子は私にデジタルカメラをくれました。

那，ⓤ你今天为什么没带数码照相机？
それでは、（　　　　　ⓤ　　　　　）

我的数码照相机（ ④ ）女儿拿走了。
今天是她朋友的婚礼。
私のデジカメは娘に持って行かれました。
今日は彼女の友人の結婚式です。

她把照相机用完后，
ⓔ请让我看看，好吗？
カメラを使い終わったら、（　　　ⓔ　　　）
いいですか？

好（ ⑤ ）。いいですよ。

谢谢啊。ありがとう。

新出単語

圣诞节〔Shèng dàn Jié ションダンジエ〕クリスマス 名詞

数码照相机〔shù mǎ zhào xiàng jī シュマジャオシャンジィ〕デジタルカメラ 名詞

問題 180、181ページの会話を聞いて、次の質問に答えましょう。

Ⅰ （①）から（⑤）に入る語を漢字1字で書きましょう。

①	②	③	④	⑤

Ⅱ 下線部㋐から㋓までを日本語に訳しましょう。

㋐

㋑

㋒

㋓

Ⅲ 次のAからEまでのピンインを中国語に直し、日本語にも訳しましょう。

A　Fángjiān de yàoshi zhǎodào le ma ?

B　Wǒ xuéhuì kāi chē le.

C　Jiějie tīngdǒng Yīngyǔ le ma?

D　Lǎoshī xiě zì xiě de hěn kuài.

E　Tā máng de bù kě kāi jiāo.

答え

I

①得　②做　③台　④叫　⑤的

II

㋐ クリスマスは楽しく過ごしました。
㋑ 私は娘の方が家内より料理がうまいと思います。
㋒ あなたは今日、なぜデジカメを持ってこなかったのですか？
㋓ どうか私に見せてください。

III

A **房间的钥匙找到了吗？** 部屋の鍵は見つかりましたか？
B **我学会开车了。** 私は運転ができるようになりました。
C **姐姐听懂英语了吗？**
お姉さんは英語が聞いてわかるようになりましたか？
D **老师写字写得很快。** 先生は字を書くのが速い。
E **他忙得不可开交。** 彼は忙しくて、てんてこ舞いだ。

ワンポイントアドバイス

結果補語や方向補語に可能や不可能の意味をもたせるためには、動詞と補語の間に「得」「不」を挿入します。
你 听 [得] 懂 老师 的 说 话 吗？
あなたは先生の話が聞いてわかりますか？
为了 工 作，我 爸爸 回 [不] 来 家。
仕事のため、私のお父さんは家に帰って来られません。

●コラム●

「いい加減」は程よい状態
「差不多」の思想

中国語には「修飾語は前で、補語は後ろ」という語順のルールがあります。本書ではレッスン29～30で、中国語の補語について学びました。補語を使った構造の熟語は、中国語にはたくさんあります。これらの言葉は理屈抜きで、そのまま覚えてしまいましょう。

「差不多 chà bu duō（だいたい）」　「对不起 duì bu qǐ（すみません）」
「看不起 kàn bu qǐ（軽蔑する）」　「来不及 lái bu jí（間に合わない）」

中国人は「差不多」という表現を特に愛用しています。これは読んで字のごとく「差が多くない」、つまり「だいたい」という意味です。しばしば故障する中国の電気製品の修理を頼み、「どうですか」と中国の職人さんに尋ねると、たいてい「差不多」と答えます。私たち日本人は特に「差が多くない、では困ります。完璧に直してください」と、この返事に大変な不安を感じるものです。

「大器晩成」は、日本では「若いうちはぼんくらでも熟年になってから大成する器」という意味で使われます。この言葉は、中国の古典『老子』にある成語ですが、原典をみると、私たちの解釈とは異なる意味がその文脈から浮かんできます。

老子の「大器」とは、万物を支配する「道」なるものの形容として出てきます。偉大なる道は完成するのが遅く、いつまでも完成しないとの解釈が老子の真意です。

断片的に「大器晩成」だけを切り取れば、日本人のような解釈になるのでしょうが、中国人は、大きな器とは成り難く、いつまでたっても完成しないよ、とおおらかに笑っているのです。「絶対なる完成などあり得ない、自分としてはベストを尽くし、現段階では『差不多』ですよ」――中国の「差不多」との発想は、余裕なく自分を追い込む日本人に、心のゆとりを教えてくれる、心地よい響きがあります。